프로들이 절대 가르쳐 주지 않는 50가지 업무 비결

곱셈발상

SHIGOTOWA KAKEZAN.

ⓒ SHUUJI HUNATANI 2006

Originally published in Japan in 2006 by KANKI. PUBLISHING INC.

Korean translation rights arranged through TOHAN CORPORATION, TOKYO.,

and YU RI JANG LITERARY AGENCY, SEOUL.

곱셈 발상

프로들이 절대 가르쳐 주지 않는 50가지 업무 비결

후나타니 슈지 지음 _ 이윤정 옮김

전나무숲

자기투자와 긍정적인 마인드로
나를 업그레이드 하는 자기경영 지침서!

누군가 내게 "성공하려면 어떻게 해야 하나요"라고 물어온다면, 여러 가지 답변 중에 '남들과 다르게 살라'고 얘기하고 싶다.

이 책에서 제시하는 곱셈형 인생과 성공 법칙은 저자가 만난 CEO들의 인생관, 경영관 등을 실천하며 깨달은 성공의 '정수(精髓)'를 엮은 것이다. 곱셈형 삶이란 바로 창의적인 인생을 만드는 과정이며, 이것은 타인과 다른 독창적인 사고, 남이 가지 않은 길을 가고자 하는 사람들을 위한 성공 가이드라고 할 수 있다.

저자가 언급하는 성공을 이루는 과정에 대해서 나 역시 매우 비슷한 관점을 가지고 있다. 저자가 〈헤이세이 · 진화론〉이라는 경영 정보 뉴스레터에 애정을 갖고 있듯이, 나 역시 온라인 커뮤니티에서 정기적으로 자기 계발, 경영 관련 메일을 발송하고 있는데, 이것이 회원들이 가장 도움이 된다고 언급한 서비스다.

독서법에 대해서도 동감할 만한 이야기를 꺼낸다. 저자는 자기 계발을 위해 책값을 아끼지 않았다고 한다. "책을 30분 이상 계속

4

읽었다면 책을 덮고 눈을 감아라. 몇 분 동안 마음 가는 대로 생각을 떠올려 본다. 그리고 떠오르는 아이디어가 서로 연결되도록 그대로 놔두자." 나도 20년 전부터 이 독서법을 애용하고 있다.

또한 구두선이 아닌 실제 현실에서 가능한 실천 노하우도 제시하는데, '초고속으로 성공하는 법'에서는 '세미나'의 중요성에 대해서 강조하고 있다. 저자는 샐러리맨 시절 하루 10만 엔이 넘는 세미나에도 자주 참석했다고 하는데, 인생 초반기의 이런 선행 투자가 향후 비즈니스에서 성공을 만드는 큰 밑거름이 됐다고 고백하고 있다.

세상에 태어났으면 자신이 하고 싶은 일에 대한 꿈을 세우고 만들어 나가야 할 것이다. 이 책은 꿈을 현실로 만들어 가는 여정에서 가장 궁금한 사항과 대처방법 중 핵심 부분만 선별해서 모아 놓았다. 성공 인생을 위한 곱셈형 삶은 긍정적인 마인드를 바탕으로 자기 투자와 실천과정이 결합될 때 최고의 효과를 내고, 마침내 꿈을 이룰 수 있도록 도와줄 것이다.

2007년 10월 강경태 (한국 CEO 연구소 소장)

일의 속도와 성과를 무한대로 높여 주는 '곱셈'식 발상

'열심히 하는데 왜 생각처럼 성과가 나오지 않을까?'

뉴스레터 〈헤이세이 · 진화론〉은 내가 직장 생활을 했을 때 느꼈던 이러한 의문점에서 출발한 정보 소식지다.

덕분에 발행 부수는 2006년 5월 말에 이미 15만 부를 넘어섰고, 뉴스레터 사이트 '마구마구!'에서 발간하는 뉴스레터 가운데는 현재 일본에서 가장 많이 읽히는 매체로까지 성장했다. 이는 모두 내가 매일 만나는 일류 경영자들의 사업관, 경영관을 내 나름대로 적용해 실천한 내용을 소개한 덕분이다.

뉴스레터를 발행하기 전, 나는 한 회사에서 영업을 담당했다. 다른 사람들보다 많은 월급을 받았고 회사에서도 나름대로 좋은 평가를 받았다. 열심히 일을 해서 성과를 올렸지만, 항상 마음 한편에는

'이대로 정말 괜찮은 것일까?' 하는 의문과 함께 현재에 안주할 수 없다는 생각을 했다.

당시 일본은 깊은 불황의 늪에 빠져 있었다. 그래서인지 나도 자신의 미래에 대해 항상 불안한 마음을 갖고 있었다. 이대로는 안 된다는 생각과 더불어 조금이라도 더 성과를 올려 보자는 마음은 나를 더욱더 일에 몰두하게 했다. 그런데 어느 정도 시간이 지나자 아무리 노력해도 더 이상 성과가 오르지 않는 딜레마에 빠지고 말았다. 도대체 이유가 무엇일까?

이 의문에 대한 답을 찾기 위해 나는 세미나에도 참석하고, 책도 읽고, 성공한 사업가들을 만나 이야기할 기회를 의도적으로 늘려 갔다. 다양한 배움의 기회를 계기로 내 행동을 돌아보면서 나는 중요한 한 가지 사실을 알게 되었다.

여태껏 나는 '덧셈' 식 사고방식으로 일을 해 왔지만, 큰 성과를 올린 사람들은 모두 '곱셈' 식 사고방식으로 일을 한다는 사실을 말이다.

그때까지는 잔업을 해서라도 일하는 양을 늘리면 높은 성과를 올릴 수 있다고 생각했다. 이 생각은 '성과 = 업무량 + 업무량 + 업무량……' 이라는 덧셈식 사고방식에서 나온 것이다. 분명히 잔업을 해서 한 시간 더 일하면 그만큼 업무량이 늘어서 한 시간 분의 성과를 올릴 수 있지만, 아무리 노력을 해도 하루는 24시간뿐이다. 이 방식으로는 성과의 최대치에 한계가 있다.

하지만 높은 업무 성과를 올리는 사람들은 공통적으로 '성과 = 업무의 질 × 업무의 밀도 × 업무량' 이라는 곱셈식 사고방식으로 일을 한다. 따라서 일의 양(시간)에는 한계가 있어도 일의 질과 일의 밀도가 높기 때문에 무한대의 성과를 올릴 수 있다.

일은 곱셈식으로 생각해야 한다. 이 사실을 알고 나서부터 나는 세미나 참가와 독서량, 사업가들과 만나는 횟수를 더욱 늘려 갔다. 곱셈식 사고는 성과를 올려 줄 뿐 아니라 사람과의 관계, 시간을 쓰는 방법, 그리고 인생관에 이르기까지 모든 영역을 플러스 방향으로 바꾸어 주기 때문이다.

이렇게 세미나와 독서에 열중하고 있을 때, 그동안 내가 불안해하던 일이 현실로 나타났다. 당시 근무하던 회사의 미국 본사가 경영 파탄으로 파산을 한 것이다. 졸지에 나는 실업자가 되었다. 하지만 신기하게도 이전에 느끼던 불안과 초조감은 사라지고 오히려 곱셈식 사고방식이 서서히 내 것이 되어 어느새 내 삶에 변화를 가져올 거라는 확신이 들었다.

'이 실직이 오히려 지금까지 배운 것을 시험할 수 있는 절호의 찬스일지도 모른다'고 생각한 나는, 그때까지 배운 것을 하나씩 정리해 뉴스레터로 발신하기 시작하였고, 결국 3개의 회사를 창업해 성공적으로 운영하게 되었다.

그로부터 3년이 지난 지금, 어느새 샐러리맨 시절에 비해 일의 속도나 성과, 그리고 수입까지도 약 20배로 늘어났다. 나 자신이 변화의 기회를 만났다는 예감은 결코 틀린 것이 아니었다.

이 책은 〈헤이세이·진화론〉으로 발신된 약 1,000통의 뉴스레터 가운데서 독자들에게 좋은 반응을 얻었던 내용을 수정하고 보완해 새롭게 정리한 것이다.

지금도 배우고 있는 중이어서 모자라는 점이 많지만, 나를 성장하게 한 곱셈식 사고방식이 독자 여러분들에게도 많은 도움이 되었으면 하는 바람이다.

2006년 5월　후나타니 슈지

차 례

PART 1

〈결과를 낳는 사고〉편

곱셈식 발상은
성공의 출발점이다

PART 3

PART 4

<커뮤니케이션>편

곱셈 발상으로
인맥을 확장하라

PART 5

〈바람직한 말〉편

사람의 마음을 열어 주는
긍정적인 말의 힘

PART 6

PART 1 〈결과를 낳는 사고〉편

곱셈식 발상은
성공의 출발점이다

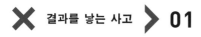

✖ 결과를 낳는 사고 ＞ 01

다른 사람의 몇 배로 노력해도 인정받지 못할 때

■ 일하는 시간이 긴 것은 절대 자랑거리가
아니다.

■ 업무의 질과 밀도에 초점을 맞춰야 성과가
커진다.

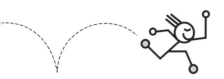

길거리에서 또는 커피숍에서 "매일 몇 시간 일하고 있다", "나는 매일 야근이야", "이번 달만 해도 잔업이 몇 시간을 넘었어"처럼 자신이 남들보다 많은 시간을 일한다는 사실을 마치 자랑이라도 하듯 이야기하는 사람들이 있다.

열심히 일하는 것은 좋은 일이다. 하지만 노동 시간에만 초점을 두고 일하는 것은 아주 위험한 생각이라는 점을 분명히 알고 있어야 한다.

노동 시간을 너무 의식하면 더 중요한 '노동의 질'이나 '노동의 밀도'에 초점이 맞춰지지 않기 때문이다.

일의 성과는, '성과물＝노동의 질×노동의 밀도×노동 시간'이라는 곱셈 공식으로 나타낼 수 있다.

노동의 질은 일의 결과가 미치는 영향력의 크기라고 할 수 있다. 즉 지금 하고 있는 일이 자신의 회사나 거래처, 소비자, 더 나아가 사회나 국가, 세계에 어떤 정도의 영향을 줄 수 있는가 하는 영향력에 따라 노동의 질이 결정된다.

예를 들면 업계의 상식을 깨는 일이나 사운을 결정하는 프로젝트 등은 사내외에 미치는 영향의 관점에서 보면 창의성이 아주 높은 노동이라고 할 수 있다.

또 어느 정도의 밀도로 일하고 있는가 하는 노동의 밀도도 중요하다. 일을 시작한 지 30분도 안 돼서 담배를 피우러 간다. 그리고 또 1시간이 지나면 이번에는 커피를 마시면서 동료들과 잡담을 한다. 이와 같이 일을 중단하는 것은 마치 시속 100km로 달리고 있는 차를 갑자기 세운 다음 다시 시동을 걸고 출발하는 것과 같다.

같은 시간이라도 브레이크를 밟지 않고 일을 한다면 거의 3배, 5배, 잘하면 10배 이상 일의 밀도를 올릴 수 있는데 말이다.

중요한 것은 자신의 업무에서 '노동의 질'과 '노동의 밀도'를 높여 가는 것이다.

왜냐하면 아무리 열심히 일해도 하루를 24시간 이상으로 늘릴 수는 없지만, 일의 질과 밀도는 노력에 따라 얼마든지 높일 수가 있기 때문이다.

'성과물＝노동의 질×노동의 밀도×노동 시간'의 공식에서, 중점을 두어야 할 것은 노동의 질과 밀도다. 노동 시간은 어디까지나 질과 밀도를 높인 다음에 노동의 총량을 올리기 위해서 필요하다.

노동 시간에만 지나치게 신경을 써서 질과 밀도를 높이는 것을 잊어버린다면 '장시간 일하는 것에 비해 별다른 성과를 내지 못하는' 결과를 낳는다.

　그런 안타까운 상황을 초래하지 않기 위해서라도 노동 시간보다는 노동의 질이나 밀도에 초점을 맞추길 바란다.

자신을 바꾸는 point

잔업을 하지 않고도 성과를 낼 수 있을 때까지 일의 질과 밀도를 높인다.
그런 다음에는 상황에 따라 노동 시간을 조절한다.

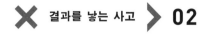

결과를 낳는 사고 ❭ **02**

열심히 공부해도 좋은 결과가 나오지 않을 때

- ■ 노하우나 기술만으로는 좋은 결과가
  나오지 않는다.

- ■ 특정한 분야에서 '성공한 사람들의
  사고 체계'를 배워 보자.

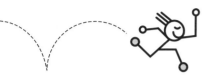

회사에 다닐 때, 나는 항상 한 가지 의문을 가지고 있었다.

'이렇게 열심히 공부하는데도 어째서 나보다 우수한 성과를 내는 사람이 더 많은가?' 하는 점이다.

나는 샐러리맨 시절부터 독서나 세미나에 많은 시간과 돈을 투자했다.

그런데 나보다 좋은 성과를 내는 주변의 동료들을 보면 나보다 자기 계발에 쓰는 시간은 훨씬 적었다.

예를 들어 공부량은 5분의 1인데 5배 이상의 성과를 낸다고 했을 경우, 단위 시간, 단위 금액의 차를 감안해서 계산하면, 실제로 나는 그들의 25분의 1밖에 일을 못 한 결과가 된다. 그것도 한두 명이 아니다. 회사에 들어간 지 몇 년이 지나자, 주위에서 그런 일이 속속 발생했다.

그럴 때마다, '이거, 열심히 연구해 봤자 아무 소용없는 거 아냐?', '아니면 방법 자체가 잘못된 것은 아닐까?' 하는 의문을 갖게 되었다.

이런 의문은 몇 년을 고민하고 전문가들이나 책, 그 외에도 세미나를 통해 많은 것을 배우면서 겨우 이해가 되었다.

내가 공부한 것은 노하우와 테크닉이었고, 그들이 공부한 것은 성공하는 사람들의 사고와 언어 체계였다.

그 작은 차이가 결과적으로 큰 차이를 만들고 있다는 사실을 비로소 깨달았다.

아무리 노하우나 테크닉을 잘 알고 있다고 해도 그것을 사용하기 위한 사고 체계나 언어 체계를 가지고 있지 않으면 아무 의미가 없다.

예를 들어 효율적인 시간 관리 기술을 터득했다고 해도 생산성이 낮은 일만 한다면 효과가 적을 것이고, 멋진 문장력을 익혔다고 해도 부정적인 언어만을 쓴다면 오히려 자신에게 좋지 않은 영향을 미칠 것이다.

노하우나 테크닉은 어디까지나 도구에 지나지 않고, 사실은 그 배경에 있는 사고 체계나 언어 체계가 더 중요하다.

이 사실을 깨닫고 난 다음부터 나는 업무성과를 높일 수 있었다.

처음부터 시간적인 면에서는 다른 사람들의 5배는 연구했기에, 성공하는 사람들의 사고 체계나 언어 체계도 빠른 속도로 배울 수 있었다. 게다가 사고 체계를 몸에 익히고 나니 지금까지 배워 온 노하우나 테크닉도 충분히 효과를 발휘하게 되었다.

공부할 때도 노하우나 테크닉 뒤에 숨어 있는 사고 체계에 눈을 돌리자. 당신이 투자한 노력의 결과물은 비약적으로 커질 것이다.

자신을 바꾸는 point

노하우나 테크닉을 익히는 것보다 더욱 중요한 것은 그 배경이나 의도를 파악해서 자신의 것으로 만드는 것이다.

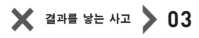
공부나 일을 포기하고 싶을 때

■ 매일 0.1%씩 자기 발전과 성장을 한다면
  '성장률과 지속 연수의 복리 공식'에 따라
  1년 뒤에는 44%나 능력을 높일 수 있다.

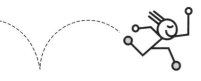

엑셀을 이용해 재미있는 계산을 해보자.

1) 1.001	365일	1.440
2) 1.440	5년	6.197
3) 1.440	10년	38.404
4) 1.440	20년	1474.903

자, 이것은 과연 무슨 숫자일까?

사실은 맨 앞의 '1.001 365일 1.440' 부분은 매일 0.1%(1,000분의 1)만 자신이 발전(성장)한다고 가정하면, 365일이 지나면 어떤 모습이 될까를 편의상 수치로 나타낸 것이다.

매일 0.1%씩 발전하면(어제의 자신보다 1,000분의 1 정도 성장하는 것이니까 이 정도는 누구나 할 수 있을 것이다) 결과적으로 1년 후에는 44%나 자신의 능력이 향상된다는 계산이 나온다.

다음에 계속 나오는 숫자는 1년 후의 성장 수치인 '1.44'에 대해 5년 후, 10년 후, 20년 후를 복리로 계산했을 때의 수치다. 5년 후에는 6배, 10년 후에는 약 38배, 20년 후에는 약 1,475배에 달하는 대단한 성장 수치가 된다.

탁월한 업무 성과를 내는 사람을 보면서 '저 사람은

천재야'라든지 '나하고는 머릿속부터 달라'라고 말하는 사람이 있는데, 알고 보면 그 차이는 단순하다. 매일 매일 조금이라도 노력을 한다면 누구라도 이 복리 계산의 혜택을 누릴 수 있다.

또 일정 비율로 성장해 간다고 가정한 후 숫자의 변화를 그래프로 나타내 보면, 흥미로운 사실을 발견할 수 있다.

성장률을 조금 높여 잡고 지속 연수를 20년, 30년, 50년으로 정한 다음 여러 가지를 시험해 보았는데, 언제나 어떤 부분에서 급격하게 수치가 올라가는 현상을 볼 수 있었다. 2차 곡선이니까 당연하다면 당연한 일겠지만 말이다.

이 그래프를 공부에 적용해 보면, '지속적으로 실력을 쌓아가는 사람은 어떤 부분에서 폭발적으로 성장하는 순간이 있다'는 것이다.

이것이 곱셈이 가지는 놀라운 효과다.

많은 사람들은 그 순간까지 기다리지 못하고 도중에 그만둔다. 그러나 중도에 포기하는 것은 너무 이르다.

좀처럼 성과가 나오지 않아서 괴로울 때는 '성장률과 지속 연수(年數)의 복리 공식'을 꼭 기억하기 바란다.

자기 자신을 믿고 매일 조금씩 성장해 나간다면, 언젠가는 꼭 폭발적인 성장을 경험하게 될 것이다.

자신을 바꾸는 point

매일 0.1%(1,000분의 1)씩 성장하는 것을 과제로 삼고, 그것을 지속적으로 실천한다.

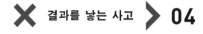

결과를 낳는 사고 ❭ **04**

준비가 부족해서 일을 시작할 수 없을 때

■ 완벽한 준비보다는 시작하는 게 중요하다.

■ 완벽주의 증후군에서 벗어나 앞으로 힘차게
나가자.

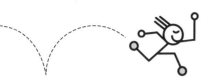

무슨 일이든지 시작하기 전에 완벽하고 확실하게 준비를 하는 사람과, 준비가 완전히 되어 있지 않아도 일을 시작하고 보는 사람이 있다.

당신은 어느 쪽이 성공할 확률이 높다고 생각하는가?

실패할 확률이 낮은 완벽주의자 쪽이 성공 확률이 높을 것이라고 생각하는 사람이 있을지도 모르지만, 실제로는 그 반대다.

성공하기 쉬운 쪽은 리스크를 철저히 차단하고 일에 임하는 사람이 아니라, 서투르더라도 최초의 한 걸음을 먼저 내디딜 수 있는 사람 쪽이다.

완벽을 추구하는 사람은 실패에 대한 두려움 때문에 언제까지고 첫걸음을 내디딜 수 없다. 이는 결과적으로 아무것도 하지 않는 것이나 다름없다.

또 아무리 완벽하게 준비했다고 해도, 실제로 일을 하다 보면 계속해서 부족한 점이 나오게 마련이다. 첫걸음을 내딛지 못하면 목표를 달성하기 위해 정말로 필요한 것이 무엇인지 아무리 시간이 지나도 알 수가 없다.

완벽에 집착하는 사람은 목표를 달성하기 위한 첫발을 내딛는 것조차 불가능하다.

우선은 완벽하지 않아도 좋으니 첫발을 내디뎌 보자. 한 걸음 내디뎌 봄으로써 목표 달성을 위해서 현재 자신에게 부족한 점이 무엇인지 알게 되고, 그것을 극복하기 위한 노력을 하게 된다.

한 걸음 앞으로 나아가면 부족한 부분을 보충할 수 있고, 그것을 발판으로 또 한 걸음을 내디디면 다음 단계로 나아가기 위해 필요한 것이 무엇인지도 알게 된다. 이 과정을 반복해 가는 동안에 어느새 처음에는 상상도 하지 못했던 높은 경지에까지 올라와 있는 자신을 발견하게 될 것이다.

물론 아무 준비도 없이, '무턱대고 앞으로 나가라'고 하는 것은 아니다. 아무런 준비도 하지 않고 무조건 뛰어든다면 대단한 행운이 없는 이상 실패하는 것은 당연하며, 그 당시 자신에게 무엇이 부족했는지도 잘 알 수가 없다.

따라서 적극적인 자세로 '할 수 있는 최대한의 준비를 한 다음, 실행하면서 생각하자'는 마음가짐이 중요하다.

완벽하게 준비하지 않으면 아무래도 불안해지는 사람은 스스로 마감일을 설정하는 것도 좋은 방법이다. 이때 일정은 가능한 한 빡

빡하게 짜는 것이 좋다.

마감일까지는 어떻게 하든지 전력으로 준비를 해서, 마감일이 되면 아무리 불안해도 매듭을 짓는다. 마감일을 설정하여 일하는 습관을 들이면 완벽주의 증후군에서 벗어나, 일을 쉽게 시작할 수 있다.

자신을 바꾸는 point

만족할 만한 준비가 되어 있지 않아도 스스로 설정한 마감일이 지나면 무조건 첫걸음을 내디뎌 본다.

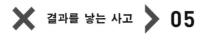

다음 전략을 세울 때 중요한 것

■ '원하는 결과'에 초점을 맞추어 질문하는
능력을 기르자.

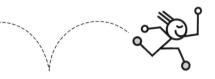

여러분은 자신의 '질문하는 능력'에 대해 생각해 본 적이 있는가?

이 질문하는 능력의 차이에 따라 최종적인 일의 성과가 크게 변한다.

질문 능력의 열쇠는 질과 양이다.

예를 들어 성공하는 경영자와 그렇지 않은 경영자는 질문의 질과 양이 전혀 다르다.

힘들어 죽겠다는 말을 입버릇처럼 달고 사는 경영자들은 자신에게 이런 질문을 던진다.

'돈을 벌지 못하는 원인이 무엇일까? 직원들이 문제일까, 환율 때문일까, 아니면 고유가 탓일까, 정치 탓일까?'

이와 같이 '안 되는 원인'에 초점을 맞춰서 질문하고, 게다가 일이 안 되는 이유를 외부 또는 다른 사람에게서 찾으려고 한다.

하지만 이와 같은 질문은 문제 해결에 전혀 도움이 되지 않는다.

예를 들어 원인을 찾아서 책임 소재가 확실히 밝혀져도 실제로 그것을 개선할 수 있을지는 별개의 문제다. 즉 고유가가 원인이라고 밝

혀졌다 해도 경영자를 비롯한 회사의 그 누구도 이 문제를 해결할 수는 없다.

   그렇다면 이익을 내는 회사의 경영자는 어떨까?
   '어떻게 하면 이익을 더 낼 수 있을까?', '어떻게 하면 이 위기를 기회로 바꿀 수 있을까?'와 같이 '원하는 결과'에 초점을 맞추어 자기 자신에게 질문을 던진다.
   잘될 때든 안 될 때든 현재 상황보다 더 나아지려면 '어떻게 해야 하는가?'에 초점을 두고 질문을 한다.

   이와 같이 원인과 결과 어느 쪽에 초점을 두느냐에 따라 질문의 질도 달라진다.
   어차피 같은 시간과 노력을 들여서 생각하는 것이라면 결과 쪽에 초점을 두는 편이 나을 것이다.

   또한 질문의 양도 중요하다. 실적이 좋은 사람은 결과에 초점을 두고 답을 찾을 때까지 계속 자신에게 질문을 던진다.
   무엇을 보고, 무엇을 듣고, 무엇을 경험해도, '어떻게 해야 더 나아질까?' 하는 질문을 끊임없이 자신에게 쏟아 붓는다.
   하지만 성과가 좋지 않은 사람은 일이 막힐 때만 자신에게 질문을 던진다.

때문에 자신도 모르는 사이에 개선할 수 있는 기회를 스스로 놓치게 되는 것이다.

'성과를 올리기 위해서는 어떻게 하면 좋을까'라는 관점에서 자신에게 많은 양의 질문을 끊임없이 던져야 한다.

양질의 질문을 던지는 습관을 들이면 더욱 탁월한 성과를 만들어낼 수 있다.

자신을 바꾸는 point

원하는 결과를 얻기 위해서 매일 지속적으로 자기 자신에게 질문을 던진다.

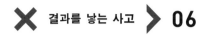

진정한 프로가 되기 위해 알아야 할 것

■ 창의성을 발휘하기 전에 먼저 비즈니스에 관한 정석과 정적(定跡)을 수집한다.

바둑에는 정석(定石), 장기에는 정적(定跡)이
라는 것이 있다.

정석과 정적은 선인들이 대국을 거듭하는 과정에서 연구를 통해
알아낸 최선의 공략법, 즉 공격하는 전술로 정착시킨 수다.

프로 기사의 등용문인 일본장기연맹 장려회에서는 어릴 때부터
이 정적을 철저하게 가르친다. 왜냐하면 선인들이 연구해 낸 기본적
인 기술을 모르면 프로 기사의 수준에 이를 수 없기 때문이다.

장기의 세계에서 프로가 되는 사람은 아주 극소수인데, 그 벽을
넘기 위해서는 얼마나 많은 정적을 몸에 익히는지가 관건이다.

최근 장기의 세계에서 특히 젊은 세대가 눈에 띄게 늘어난 이유
도 정적과 관계가 있다.

옛날에는 서적이나 연구회를 통해 정적을 배웠지만, 지금은 컴퓨
터를 사용해 과거의 기록이나 최고의 수를 쉽게 분류하고 정리할 수
있어서, 짧은 시간에 효율적으로 기초를 배울 수 있다.

과거보다 몇 배 빠른 속도로 실질적인 기술을 익힐 수 있으니, 젊
은 기사가 이른 시기부터 활약하는 것도 어떤 의미에서는 당연한 결

과다.

이와 같은 정석과 정적은 비즈니스 세계에도 존재한다.

예를 들어 우연의 산물처럼 보이는 성공의 밑바탕에는 '이 상황에서는 이와 같이 움직이면 최선의 결과를 낳을 수 있다' 또는 '이익을 내기 위해서는 이와 같은 사고를 바탕으로 행동해야 한다'고 하는 기본 원리가 반드시 있다.

사업가가 진짜 프로가 되기 위해서는 프로 기사가 무수한 정석과 정적을 배우는 것처럼 사업에 관한 기본 원리를 수집하고 배울 필요가 있다.

물론 냉혹한 승부의 세계에서 승자가 되기 위해서는 자신만의 노하우가 중요하지만, 그것도 어디까지나 기초를 몸에 익힌 다음의 이야기다. 유명 기사가 창의적인 한 수를 두었다고 해도, 그것은 정석을 알고 난 뒤에 의도적으로 두는 수로서 처음부터 독창적인 것은 아니다.

마찬가지로 사업에서도 기본을 익히지 못하면 자신만의 독창성을 발휘하기가 어렵다.

바둑이나 장기와 마찬가지로 사업에서도 정석을 수집할 수 있는 방법은 많다.

뛰어난 사업가와 점심을 같이 하거나, 책을 읽거나, 세미나에 참석하는 것도 좋은 방법이다.

다양한 정석을 수집하고 자신만의 언어로 바꾸어 나만의 정석으로 축적하는 노력을 꾸준히 하면, 당신도 사업의 프로로 성장할 수 있다.

자신을 바꾸는 point

다양한 사람, 책, 세미나를 통해서 사업에 관한 정석과 정적을 체득한다.

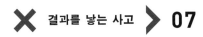
중요한 과제를 짧은 시간에 해결하는 법

■ 어떤 큰 문제도 잘게 쪼개어 생각하면
  의외로 해결의 실마리를 쉽게 찾을 수 있다.

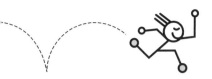

기업이든 사람이든 높은 실적을 올리기 위해서는 '세분화' 하는 습관이 아주 중요하다.

예를 들어 '매상을 올리는 방법은?' 이라는 주제도, 매상을 만드는 각 요소를 세분화하면 훨씬 생각하기 쉽다.

매상을 올리는 요소로는 고객 수나 구매 금액, 구입 빈도 등을 들수 있다. 이를 공식화하면, '매상을 늘린다=고객을 늘린다×1회당 구매 금액을 늘린다×구매 빈도를 늘린다'는 곱셈식으로 나타낼 수 있다.

이를 전체 매상을 늘리기 위한 질문으로 세분화해 보면,

첫째, 어떻게 하면 고객 수를 늘릴 수 있을까?

둘째, 어떻게 하면 1회당 구매 금액을 늘릴 수 있을까?

셋째, 어떻게 하면 고객 한 명당 구매 빈도를 늘릴 수 있을까?

라는 각각의 과제를 해결하면 된다는 사실을 알 수 있고, 문제 해결을 위한 구체적인 행동의 아이디어도 선명하게 떠오른다.

예를 들어 고객 수를 늘리기 위해서는 고객이 호기심을 갖고 방문할 수 있도록 홍보(PR)를 강화하거나, 텔레마케팅을 통해 고객의

방문을 유도하는 등의 대안이 제시될 수 있다.

또 1회당 구매 금액을 늘리기 위해서는 묶어 팔기나 클로즈 세일 (close sale, 물건을 팔 때 상위 상품이나 관련 상품의 구입을 권하는 판매 수법)을 해 보는 것도 효과적이다.

거기에 구매 빈도를 높이기 위해 뉴스레터를 발행한다든지, 정기 구매 프로그램을 설계하는 방법도 있다.

이처럼 과제를 세분화하면 구체적인 대안이 떠올라 큰 문제를 쉽게 해결하고 개선할 수 있다.

재미있는 것은 각 부분의 실적을 최대화하면, 전체 실적도 지수 관계적으로 늘어난다는 사실이다.

예를 들어 고객 수와 구매 단가, 구매 빈도를 각각 20%씩 늘려 이들 숫자를 앞의 공식에 적용하면, '$1.2 \times 1.2 \times 1.2 = 1.728$'이 되어 전체적으로는 70% 이상 늘어나게 된다.

갑자기 매상을 70% 이상 끌어올리라고 하면 막연하고 어렵게만 느껴지지만, '세분화된 3개의 요소를 각각 20%씩 개선하면 된다'고 생각하면, 장애물이 훨씬 낮게 느껴질 것이다.

실제로도 20% 정도는 조금만 더 열심히 하면 비교적 쉽게 향상시킬 수 있다.

큰 벽에 부딪혀 해결책이 보이지 않을 때는 이와 같이 문제를 세분화해서 생각해 보자.

큰 벽에 부딪혔을 때는 문제를 세분화해서 생각한다.

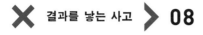

일이 잘 안 풀릴 때

■ '어떻게 돈을 벌까'가 아니라,
　'어떻게 이바지할까'로 발상을 전환한다.

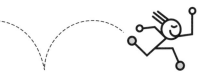

사업이 잘 안 될 때, '어떻게 하면 이익을 올릴 수 있을까?' 하고 단답형으로 생각하는 사람이 의외로 많다.

그렇게 쉽게 답을 알 수 있다면 문제 해결을 위해 고생할 사람은 아무도 없다.

이럴 땐 질문하는 방법을 바꿔 보자.

'어떻게 하면 돈을 벌 수 있을까?'가 아니라, '어떻게 하면 이 일을 통해 다른 사람에게 이바지할 수 있을까?'라는 질문을 자신에게 던져 보는 것이다.

마츠시타(松下) 그룹의 창업자인 고(故) 마츠시타 고노스케(松下幸之助)는 이렇게 말했다고 한다.

"당신이 세상에 제공한 가치의 10분의 1 정도가 자신에게 돌아온다."

결국 당신이 다른 사람에게 이바지하는 정도가 크면 클수록 나중에 자신에게 돌아오는 것도 크다는 말이다.

그런데 대다수의 사람들은 '어떻게 하면 돈을 벌 수 있을까?' 하는 질문을 먼저 던진다.

그렇게 되면 어떤 방법을 발견하더라도 다른 사람에게서 빼앗으

려는 의식이 먼저 발동해 결국 상대방에게 경계의 대상이 되고 만다. 따라서 이익이 늘어나지 않는 것은 당연하다.

일단 이익은 머리에서 잊어버리고 먼저 '어떻게 하면 상대방을 도울 수 있을까?'에 질문의 초점을 맞춰 보자.

결과적으로 나에게 이익이 되는 일이므로 조금은 멀리 돌아가도 된다.

그렇다면 구체적으로 어떻게 이바지해야 좋은가.

앞에서 말한 대로 '어떻게 하면 다른 사람에게 이바지할 수 있을까?'라는 질문을 세분화해 보자.

첫째, 더 많은 사람에게 공헌하려면 무엇을 해야 할까?

둘째, 더 많은 것을 제공하려면 어떻게 하는 게 좋을까?

셋째, 더 효율적으로 제공하는 방법은 무엇일까?

이렇듯 세분화하니 무엇을 하면 좋을지가 구체적으로 보이는 것 같지 않은가?

이 세 가지 질문에 대한 대답을 생각해서 실행에 옮기면, 지금보다 더 높은 실적을 올려서 결과적으로 큰 이익을 낼 수 있을 것이다.

자신을 바꾸는 point

'고객에게 얼마를 받을까?' 하는 판매자 중심 발상이 아니라,

'내가 고객에게 얼마의 가치를 제공할 수 있을까?' 하는 고객 중심 발상으로

전환한다.

이익을 늘리고 싶을 때

■ 고객에게 '돈'이 아니라 '시간'을 얻기 위해
행동하라.

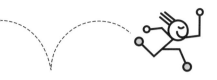

비즈니스는 고객의 가처분 소득(소득 총액에서 세금이나 사회보장비를 빼고 실제로 쓸 수 있는 소득)에서 얼마나 많은 돈을 빼낼 수 있느냐가 관건이라고 생각하는 사람이 많다.

즉 많은 사람들이 상품이나 서비스를 제공하는 대신 '당신이 가진 돈의 일부를 주시오'라는 방식으로 비즈니스를 생각한다.

하지만 생각처럼 그렇게 쉽게 풀리지 않을 때도 있다.

그럴 때는 조금 우회해서 '가처분 시간을 받는다'로 발상을 바꿔보는 것은 어떨까.

가처분 시간이란 하루 동안 먹는 시간과 자는 시간, 그리고 통근 시간과 회사에서 일하는 시간 등을 뺀, 자유롭게 쓸 수 있는 시간을 말한다.

그럼 여기서 자신의 가처분 시간을 계산해 보자.

예를 들어 하루에 10시간은 회사에 있고, 출퇴근으로 왕복 2시간, 식사하는 데 1시간, 자는 데 6시간, 그 밖에 일상적인 일을 하는 데 2시간을 쓴다고 가정해 보자.

그러면 '하루 24시간 - 21시간 = 3시간'이라는 계산이 나온다.

물론 개인차가 있겠지만, 평균적인 직장인이라면 큰 차이는 없을 것이다. 곧 자신의 뜻대로 사용할 수 있는 시간은 하루에 겨우 3시간밖에 없는 셈이다.

이 3시간은 아주 중요하다. 사람들 가운데는 돈을 들여서라도 3시간을 4시간, 5시간으로 늘리고 싶어 하는 사람이 있을 정도다.

이처럼 바쁜 현대인에게 가처분 시간은 가처분 소득보다 귀중하다.

이를 일에도 적용시켜 보자.

고객에게 시간을 선뜻 건네받을 수만 있다면, 돈을 받는 것도 그렇게 어려운 일이 아니다. 어쨌든 가처분 소득보다 가처분 시간을 받는 쪽이 더 어려운 일이기 때문이다.

하지만 그렇게 생각하지 못하는 사람은 지름길로 가려고 갑자기 고객의 지갑에 손을 덜컥 집어넣는 행동을 취하기도 한다. 하지만 이런 방법을 쓴다면 고객에게 거절당하는 것이 너무도 당연하다.

비즈니스를 할 때는 우선 돈보다 시간을 얻는 데 초점을 맞춰야 한다. 시간을 얻기 위해서 '나는 고객에게 어떠한 정보나 인맥, 노하우를 제공할 수 있는가?' 하고 자문하는 것이 중요하다.

톱 세일즈맨으로 불리는 대부분의 사람들은 이 사항을 정확히 실천하고 있다.

영업 실적이 늘지 않고, 매상이 생각처럼 오르지 않을 때는 초점을 '돈'에서 '시간'으로 옮겨 처음부터 다시 전략을 세워 보자.

보는 각도를 바꾸면 분명 문제를 꿰뚫어 볼 수 있는 혜안이 생길 것이다.

자신을 바꾸는 point

고객의 시간을 선뜻 건네받기 위해 지금 자신이 무엇을 할 수 있는지 생각해 본다.

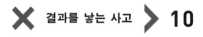

결과를 낳는 사고 ❯ **10**

자신의 결단에 자신이 없을 때

■ 결단은 빠를수록 좋다.

■ 잘못된 선택이 아무것도 결정하지 않는 것보
다 낫다.

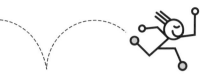

중국집에 가서 자장면으로 할까, 짬뽕으로 할까 좀처럼 정하지 못해서 몇 분이나 망설여 본 적이 있는가? 양쪽 다 맛있기는 하지만, 이런 문제로 그다지 심각하게 고민하는 사람은 아마도 없을 것이다.

그렇다면 성과를 크게 좌우하는 업무상의 결단은 어떨까?

'자장면이냐 짬뽕이냐 하는 낮은 수준의 결단이 아니므로 납득이 될 때까지 충분히 검토해서 정하자'고 생각하는 사람이 대부분일 것이다.

그러나 극단적으로 말하면 업무와 관련된 결단도 사실은 자장면이냐 짬뽕이냐를 결정하는 것과 같이 속도가 중요하다.

식사를 자장면으로 할지, 짬뽕으로 할지와 같은 수준의 결단은 어렵지 않지만, 자신의 인생과 직결되는 문제라면 그것이 중대할수록 결단하는 데 따른 두려움은 더 커진다.

이처럼 중요한 결정일수록 아무리 검토를 거듭해도, '실패하면 어쩌지? 내가 예상한 결과와 다르면 어떻게 하나?' 와 같은 불안은 더욱 커진다.

그러나 불안하다고 결단을 미루면, 실은 보이지 않는 곳에서 치명적인 손실이 생긴다.

결단하고 실행해서 그것이 잘 되면 성공한다. 만약 잘 안 된다 해도 그 경험은 자신의 것이 된다. 잘 되든 안 되든 그 경험은 그 사람에게 축적된다.

그러나 결단을 미뤄서 아무것도 시작하지 않은 사람은 성공도 경험도 얻을 수가 없다. 이 손실은 원래 있었던 것이 없어지는 것이 아니므로 실감하기 어려울지도 모른다.

하지만 항상 빠르게 결단을 내려 온 사람과 그렇지 않은 사람의 차이는 5년, 10년이 흐르는 동안에 따라잡을 수 없을 정도로 커질 것이다.

어쩌면 그 사실을 깨달았을 때는 이미 너무 늦었을지도 모른다.

경영 컨설턴트인 고(故) 이치쿠라 마사오(一倉定)는 그의 저서 『이치쿠라 마사오의 경영심득(經營心得)』에서 이렇게 말한다.

"우유부단은 잘못된 결정보다 더 나쁘다."

나 역시 이 말에 동감한다. 아무것도 결정하지 않는 것보다, 결과가 어떻게 될지 모르지만 결단을 하고 행동하는 편이 더 낫다.

자신을 바꾸는 point

어떤 업무상의 문제도 3분 이내에 결단해서 바로 행동으로 옮기는 습관을
익힌다.

1,000개의 아이디어로 만든
사업 아이템

실직 중일 때 나는 많은 시간을 '자금이나 경험이 없는 나 같은 사람도 쉽게 시작할 수 있는 사업 모델은 없을까?' 하는 고민을 하며 보냈다. 실직은 했지만 다시 샐러리맨 생활로 돌아가고 싶은 생각은 전혀 없었다. 어떻게든 내 사업을 하고 싶었다. 그것만은 확실했다.

단지 구체적으로 어떤 비즈니스 모델로 창업하면 좋을지에 대해서는 아무 생각도 떠오르지 않았다. 샐러리맨 시절부터 많은 세미나에 참석한 덕에 적은 자본으로도 성공할 수 있는 사업 조건은 잘 알고 있었다. 그러나 내가 생각해 낸 사업 모델을 그런 조건과 맞춰 보면 꼭 어딘가 걸리는 부분이 있었다.

참고로 내가 성공하는 사업의 조건으로 정한 것은 다음의 10가지 항목이었다.

- 재고가 필요 없다.
- 이율이 높다(7, 8할 이상).
- 머리를 숙이지 않고 할 수 있다(부탁하는 영업을 하지 않아도 되는 것).
- 진입 장벽은 높지만 쉽게 철수할 수 있다(경합하는 경우가 적어서 만일의 경우에는 바로 철수할 수 있다).
- 사업이 잘 돼도 건강이나 시간에 무리가 가지 않는다.
- 인터넷을 활용한다.
- 흥미를 가지고 몰두할 수 있다.
- 일정 규모 이상의 시장이 항상 존재한다.
- 넘버원(Number one), 아니면 온리원(Only one)이 될 수 있는 분야다.
- 성숙기가 아니라 성장기에 있는 사업이다.

아무리 머리를 굴려도 그런 조건을 모두 만족시키는 사업 모델은 없었다.

결국 나 자신에게 내린 과제가 '사업 모델 1,000개 펑고(fungo, 야구에서 야수들의 수비 연습을 위해 코치들이 공을 쳐 주는 일)'였다. 이는 무조건 매일 30개씩 사업 모델을 개발하고, 이를 전날 아이디어와 경합하여 살아남은 것을 그 다음 날로 넘기는 오리지널 발상법이다. 실제로 해보면 알 수 있지만, 하루에 30개의 아이디어를 내는 것은 꽤 힘든 일이다. 야구의 1,000개 펑고와 마찬가지로 도중에 힘에 부쳐 지치는 날도 있다. 그래도 끊임없이 계속한 이유는 주관적인 생각을 배제하고 사업 모델을 객관적으로 평가하기 위해서다.

독립 창업으로 실패하는 유형 가운데 하나가 자신이 생각한 사업 모델에 홀려 의식적 또는 무의식적으로 약점을 눈감아 버리는 경우다. 약점이 있는 사업 모델로 창업을 하면 잘 되지 않는 것은 당연하다. 자신의 아이디어에 집착하는 것은 손에 든 선택권이 적기 때문이다. 무조건 여러 개의 아이디어를 내서 옵션을 늘려 가면, 흠이 있는 사업 모델은 주저 없이 잘라 낼 수 있다. 내가 1,000개에 도전한 것도 스스로 생각해 낸 사업 모델을 냉정한 눈으로 판단하고 싶었기 때문이다.

새로운 아이디어를 생각해서 계속 경합을 벌인 결과, 3개월 뒤에는 어떻게 해도 버릴 수 없는 것이 딱 하나 남았다. 그것이 '자신이 성장해 가는 모습을 뉴스레터로 만들어 수입을 얻는다'는 사업 모델이었다. 뉴스레터는 인터넷으로 한꺼번에 많은 사람에게 보낼 수 있어서 초기 자본도 필요하지 않고, 직원이 단 한 사람뿐이라 해도 문제가 되지 않는다. 그야말로 내게는 최강의 사업 모델이었다.

약점이 있는 사업 모델로 창업하는 것은 위험 부담이 큰 행위로, 자신의 인생을 걸 마음이 들지 않는다. 자신의 일에 전력을 다하기 위해서는 우선 많은 아이디어를 발굴하고 그중에서 가려낸다. 1,000개의 아이디어에서 이긴 최강의 사업 모델이야말로 당신이 인생을 쏟아 부을 만한 충분한 가치가 있지 않겠는가?

PART 2 〈시간 관리〉편

성과를 두 배 높이는
시간 활용법을 익혀라

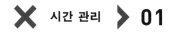

게으름을 버리고 열심히 움직이자

■ 기분이 내키지 않더라도 적극적으로
고객과 약속을 잡아라.

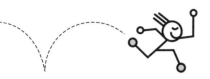

　3년 가까이 하루도 쉬지 않고 뉴스레터를 보내다 보니, "저도 뉴스레터를 발신하고 있는데, 어떻게 하면 하루도 거르지 않고 보낼 수 있습니까?" 하는 질문을 받을 때가 종종 있다.

　사실은 나도, '오늘은 정말 힘든데 하루 정도 쉴까?' 하는 생각을 하는 날도 있다.

　마음이 지쳐 있을 때는 컴퓨터를 켜는 것도 귀찮고, 몸은 여기저기 아프고, 왠지 모르게 기분이 처진다. 사람이란 기분이 좋을 때도 있고, 울적할 때도 있는 것이다.

　사실, 나는 어릴 적부터 게으른 편이었다.

　여름방학 숙제를 계획표에 맞춰 끝내 본 적이 거의 없다. 하나를 보면 열을 알 수 있듯이, '스스로 세운 계획 = 자신에게 한 약속'을 지키는 것이 가장 어려웠다.

　그래서 내 나름대로 찾아낸 해결 방법이 다른 사람과 약속을 잔뜩 잡는 것이었다. 나는 일부러 사람들과 만날 약속을 하루에 몇 건씩 잡았다.

　자신과의 약속은 지키지 않아도 아무도 화를 내지 않지만, 다른 사람과 한 약속을 어기면 상대방에게 피해를 준다. 그것이 싫다면 아무리 기분이 내키지 않아도 움직여야 한다.

물론 사람과 만나는 것은 즐거운 일이므로 대부분의 경우는 신나고 즐겁게 적극적으로 움직인다. 다만 나도 사람인지라 전날 수면 시간이 짧아서 아침에 일어나기 힘들거나, 일어나도 잠이 너무 쏟아질 때는 좀 쉬고 싶은 마음이 생기기도 한다. 그렇다고 해서 약속을 깨 버린다면 바로 신용에 문제가 생긴다.

아무리 피곤해도 상대방과의 신뢰나 자신의 사업을 위해서 반드시 약속은 지켜야 한다.

이것은 뉴스레터 집필에도 마찬가지로 적용된다. 뉴스레터를 매일 보내기로 한 것은 독자와 한 중요한 약속이고, 또 그렇기 때문에 지금까지 하루도 빠짐없이 해 올 수 있었다.

누구에게나 정말 기분이 내키지 않을 때가 있다.

그런 때일수록, '행동으로 옮기기 위해서는 이것저것 생각하지 말고 약속을 잡자'는 생각을 의식적으로 해보라. 이것이 자신의 역동성과 신뢰를 유지하는 가장 손쉬운 방법이다.

자신을 바꾸는 point

수첩의 공백을 타인과의 약속으로 가득 채운다.

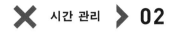

일을 해서 의욕이 생기는가, 의욕이 생겨서 일을 하는가?

■ **의욕은 저절로 솟아나지 않는다.**

■ **고민할 시간이 있으면 무조건 움직여라!**

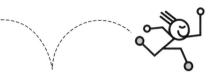

　　움직이니까 의욕이 생기는 걸까, 아니면 의욕이 생기니까 움직이는 걸까?

　　마치 '달걀이 먼저냐, 닭이 먼저냐' 하는 식의 질문으로 들릴지 모르지만, 정답은 정해져 있다.

　　움직이니까 의욕이 생기는 것이다.

　　실은 나도 예전에는 의욕이 생기니까 움직인다고 생각했다. 특히 영업을 할 때는 혼자 커피숍에 가서 전략을 세우거나, 때로는 의욕을 불러일으키기 위해서 영업 노하우 책을 몇 시간씩 읽기도 했다.

　　그런데 그렇게 해서는 결코 의욕이 생기지 않는다.

　　이는 내 경험으로 비추어 볼 때 단언할 수 있다.

　　아무리 기다려도 의욕은 저절로 생기지 않는다. 의욕이 생겨서 몸이 움직이기 시작하는 것이 아니다.

　　몸을 움직일 때 비로소 의욕이 불타기 시작한다. 중요한 것은 의욕이 없더라도 무조건 움직이는 것이다. 움직이는 습관을 들이면 나중에라도 의욕은 얼마든지 생긴다.

　　나는 항상 소리를 내면서 행동으로 옮긴다. 남들이 보면 사이코라고 할지 모른다. 왜냐하면 갑자기 큰 소리를 내면서 서둘러 행동으로 옮기기 때문이다. 그런데 큰 소리를 내는 것은 의외로 확실한 효과가 있다.

큰 소리를 내면(=키를 꽂는다)
바로 행동으로 옮길 수 있고(=엔진에 시동을 건다)
일에 가속도가 붙는다(=최고의 속도를 낸다).

우선 움직이는 것이 중요하고, 일단 바퀴가 굴러가기 시작하면 멈추려고 해도 제동이 걸리지 않을 정도로 아드레날린이 분비되어 행동에 더욱 박차를 가하게 된다.

결코 힘든 일이 아니다.
내 경우에는 '소리를 내는' 습관을 들인 다음부터 항상 업무에 바로 시동을 걸 수 있었다.

어떤 습관이든 상관없다. 자신에게 시동을 걸 수 있는 행동을 습관화하라.
일할 마음이 안 생길 때도 찬물에 세수를 하고 우선 책상에 앉는다. 책을 읽을 마음이 나지 않아도 심호흡을 여러 번 하고 난 뒤에 우선 책을 편다. 사람을 만나는 것이 내키지 않더라도 수첩을 펴 들고 우선 전화를 건다.

　한가하게 놀 시간이 있다면, 이처럼 자신의 행동에 엔진의 시동을 걸면서 우선 움직여라. 움직이다 보면 그때까지 엉덩이가 무거웠다는 사실이 거짓말처럼 느껴질 정도로 앞으로 나아가게 될 것이다.

일단 마음을 정하면 5초 안에 행동하는 습관을 몸에 붙인다.

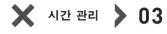 시간 관리 > **03**

아침부터 박차를 가하자

■ **자기 전에 다음 날 스케줄을 모두 적어 놓으면, 시간에 대한 절박감이 생겨 아침부터 박차를 가할 수 있다.**

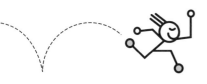

여러분은 자기 전에 습관적으로 꼭 하는 행동이 있는가?

나는 다음 날 할 일을 수첩에 세세하게 적은 뒤에 잠자리에 든다.

내 경험에 따르면 이것은 아주 간단하면서도 유용한 시간 관리 기술이다.

포인트는 해야 할 일을 '하나도 빠트리지 않고' 적는 것이다.

생각나는 대로 할 일을 적다 보면 할 일이 너무 많다는 것을 실감하게 되어, 시간에 대한 절박감이 생긴다.

물론 적는 것만으로 그쳐서는 안 된다. 다음 날 눈을 뜨자마자 다시 잠들기 전까지, 수첩을 손에서 떼지 않고 실행한 것들을 하나씩 체크한다. 대개는 해야 할 일의 항목이 너무 많아서 전부 다 하지 못한 채 하루가 끝나지만, '오늘 할 일을 어디까지 했는지?' 매순간 확인하다 보면, 1분 1초도 헛되이 쓰지 않고 일에 집중할 수 있다.

'그렇게까지 자신에게 엄격하게 굴지 말고 좀 느긋하게 살면 안 되나?' 하고 생각하시는 분도 있을지 모른다.

대충 대충 일하고, 남태평양의 어느 섬에서 여유롭게 인생을 즐

기며 좋아하는 책이나 실컷 읽으면서 사는 것도 멋지다.

단지 유감스럽게도 내게는 그런 느긋한 생활이 맞지 않았다.

전에 근무하던 회사를 그만둘 때 한참 동안 일하지 않고도 충분히 지낼 수 있는 정도의 퇴직금을 받았다. 모처럼의 기회였으므로 좀 쉬자고 생각하고 마음 가는 대로 책을 실컷 읽고, 자고 싶은 만큼 원 없이 자는 생활도 해보았다. 그런데 조금도 만족감이 없었다.

좋아하는 것을 하는 동안에는 순간적으로 즐거웠지만, 자기 전에 하루를 돌아보면 허탈한 마음이 밀려와 견딜 수가 없었다. 경제적으로는 당분간 여유가 있었지만, 결국 1개월 만에 느긋한 생활을 포기하고, 2개월째부터는 새로운 사업을 하기 위해 아침 일찍부터 움직이게 되었다.

사람에 따라서는 생각이 다를 수도 있지만, 아침부터 밤까지 일에 몰입할 때의 만족감은 무엇과도 비교할 수 없는 특별한 느낌을 준다. 그 느낌을 맛보기 위해서 다음 날 할 일을 전날 저녁에 리스트로 만들어 눈뜨자마자 일에 몰입하는 것이다.

참고로, 해야 할 일의 리스트를 모두 적은 뒤에는 다 잊어버리고 잠자리에 들어야 한다. 잠자리에 들면서 생각을 하다 보면, 생각이 많아져 잠이 오지 않는다.

엔진을 끄고 적당히 쉬는 것도 일에 몰입할 수 있는 중요한 조건 가운데 하나다.

중요한 것은 엔진을 가동한 후 바로 최고 속력으로 달릴 수 있도록 자신을 만드는 것이다.

자기 전에 내일 할 일을 모두 수첩에 적는다.

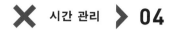
자신의 시간 사용법을 정확히 체크해 두자

■ 돈을 관리하는 것처럼 '시간의 가계부'를
만들어, 시간을 낭비하는 습관을 고친다.

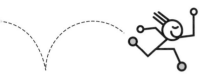 성공을 목표로 하는 사람이라면 돈을
쓸 때도 '투자'와 '낭비'의 두 가지 개념으로 나누어, 평소부터 유
효한 돈 관리에 신경을 써야 한다.

예를 들면 '투자'에는 다음과 같은 것이 있다.
- 노하우나 지식, 정보를 손에 넣기 위해서 세미나에 참석한다.
- 일의 속도를 높이기 위해서 사무기기나 컴퓨터 기술을 익힌다.
- 각계에서 활약하는 사람들과 교류하기 위해서 식사를 함께 한다.

반면, 다음과 같은 식으로 돈을 쓰는 것은 '낭비'다.
- 시간을 죽이기 위해서 PC방이나 만화방에서 시간을 보낸다.
- 특별한 목적 없이 맥줏집이나 단란주점에 간다.
- 남에게 과시하기 위해서 고급차나 고가의 양복을 산다.

물론 이 방법들 중에도 자신의 성공을 위한 목적이 뚜렷한 경우
라면 '투자'가 될 수 있다.

'투자'와 '낭비'는 금전적인 것만이 아니라 시간의 경우에도 해
당된다. 돈을 들였느냐 아니냐에 상관없이 장래를 위해서 매일 몇
시간씩 공부를 한다면, 그것은 당신의 귀중한 시간을 '투자'하는

것이 된다.

하지만 할 일이 없다고 멍하니 텔레비전 보는 것으로 시간을 허비한다면 어떨까? 가령 돈을 10원도 쓰지 않았어도, 아무 소득 없이 시간을 보낸다면 그것은 아주 큰 '낭비'다.

그런데 돈을 지출할 때는 10원 단위까지 신경을 쓰는 사람도 시간을 1분 1초 단위로 신경 쓰는 사람은 드물다.

사실은 주부가 가계부를 써서 쓸데없는 낭비를 줄이는 노력을 하는 것이나, 투자가가 포트폴리오를 만들어 효율적인 자산 운용을 하는 것처럼, '시간'도 확실히 관리를 하지 않으면 안 된다.

먼저 1주일 동안 자신이 시간을 어떻게 쓰는지 '시간 가계부'를 써 보라.

오늘은 무슨 공부에 몇 시간 투자했는가. 거꾸로 어떤 부분이 문제가 되어 얼마나 불필요한 시간을 보냈는가. 이러한 내용을 한동안 기록하다 보면 그때까지 의식하지 못했던 자신의 시간 사용 방법이 확실히 보일 것이다.

시간 가계부를 적는 것은 솔직히 귀찮다. 하지만 시간 가계부를 적음으로써 자신의 시간을 '낭비'에서 '투자'로 바꿀 수만 있다면, 가계부를 쓰는 작업 시간은 당신에게 무엇과도 바꿀 수 없는

'투자'가 될 것이다.

1주일 동안, 자신이 쓴 시간을 작은 것부터 꼼꼼하게 체크해서 기록한다.

불필요한 시간을 없애고, 그 시간을 자기 투자의 시간으로 바꿔 나간다.

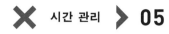 **시간 관리** ❯ **05**

초고속으로 성공 노하우를 익히는 법

■ **성공한 사람의 노하우를 한순간에 배울 수 있다면, 아무리 많은 돈을 들여도 그만한 가치가 있다.**

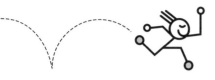

나는 최근에 골프를 시작했다. 아직 잘 치지 못하는데, 골프 레슨을 받으면서 재확인한 것이 하나 있다.

골프도 사업과 마찬가지로 아무 노력도 하지 않고 잘 하려고 하면 되지 않는다는 점이다. 아마도 돈을 아끼려고 레슨을 받지 않고 독학을 했다면, 이렇게 빠르게 실력이 향상되지는 않았을 것이다.

나는 무엇을 배울 때 항상 각 분야의 뛰어난 전문가에게 지도를 받는다.

독학을 하면 기술을 몸에 익히기 위해서 많은 시간이 들고, 나중에는 이상한 폼이 몸에 붙어 그 자세를 교정하기 위해 막대한 노력과 시간이 든다.

하지만 처음부터 각 분야의 뛰어난 사람에게 지도를 받으면 그런 불필요한 노력이나 시간을 들이지 않아도 된다.

과장이 아니라 각 분야의 프로들에게 지도를 받는다면, 가령 하루 수십만 엔의 컨설팅 금액을 낸다고 해도 결코 비싼 것이 아니라고 단언할 수 있다.

그렇다고 해도 그런 고액의 투자를 할 수 있는 사람은 많지 않다.

금전의 장벽이 높으면 높을수록 그 벽을 넘을 수 있는 사람도 점점 적어진다. 돈이 나가는 데 연연하지 않고 그 벽을 넘을 수 있다면, 경쟁 상대는 그렇게 많지 않다. 라이벌이 적으니까 당연히 이길 확률도 높아진다.

특히 사업의 세계에서는 이런 경향이 두드러지게 나타난다. 그렇기 때문에 컨설팅 비용 정도는 바로 지불할 수 있는 것이다.

나는 샐러리맨 시절부터 하루에 10만 엔이 넘는 세미나에도 자주 참석했다. 평범한 회사원인지라 돈에 여유가 많았던 것은 아니다. 먹는 것, 입는 것을 아껴 가며 어떻게든 돈을 만들어 세미나 비용(교통비나 숙박비도 포함해서)과 책값에 쏟아 부었다. 그렇지만 이와 같은 행동은 그다지 대단한 것도 잘난 것도 아니다.

솔직히 나중에 더 큰 성공을 거두기 위해서 나에게 투자를 한 것일 뿐이다.

생각해 보라. 프로가 몇 년, 몇십 년에 걸쳐서 축적해 온 노하우를 독학으로 몸에 익히려면 그에 상응하는 몇 년, 몇십 년이라는 시간이 걸린다. 솔직히 말해서 나같이 게으른 사람에게 그렇게 하라고 한다면 절대로 무리다. 아무리 돈을 준다고 해도 거절한다.

그런 힘든 과정을 거치지 않고는 쌓을 수 없는 노하우를 몇만 엔, 어떨 때는 몇십만 엔으로 손에 넣을 수 있다면, 그거야말로 행운이라고 생각한다.

프로의 노하우는 어떤 대가를 지불해서라도 즉시 구입해야 한다.

한 분야의 전문가가 여는 세미나나 책 등은 금액을 따지지 않고 참석하거나 구입한다.

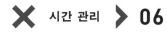 **시간 관리 > 06**

학습 효과를 높이는 시간 활용법

■ '남보다 빨리 배우자'는 목표를 세우고,
하루라도 빨리 지식을 습득한다.

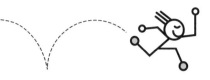

무언가를 배울 때, 그 시기는 빠르면 빠를수록 좋다. 이것은 샐러리맨 시절부터 가져 온 생각이다.

당신이 어떤 세미나에 관심이 있을 때, 이런 생각을 할 수 있다.

첫째, 어떻게든 시간을 조정해서 이 세미나에 오늘 참가한다.

둘째, 한동안은 바쁘니까 일 년 뒤에 참가한다.

어떤 결정을 내리더라도 세미나에 참가하는 비용이나 시간은 똑같다. 그런데 언제 참가하느냐에 따라 학습 효과는 완전히 달라진다.

오늘 세미나에 참가한 사람은 배운 것을 내일부터 바로 비즈니스에 활용할 수 있다. 하지만 일 년 뒤에 학습한 사람이 활용하는 것은 당연히 일 년 뒤부터다.

그때까지 많은 기회가 온다고 해도 습득한 지식이 없다면, 그 기회를 놓치게 될지도 모른다. 이는 정말로 큰 기회를 잃는 셈이지만, 문제는 거기서 그치지 않는다. 실은 먼저 배운 사람과 나중에 배운 사람은 성장의 속도도 다르다.

지식이란 각각이 별개로 독립해서 존재하는 것이 아니라 체계적으로, 어떨 때는 연속적으로 연결되어 있다.

예를 들어 산수는 우선 덧셈을 배우지 않으면 뺄셈도 이해하지 못하고, 곱셈이 안 되면 도형의 면적을 구할 수도 확률 문제를 풀 수도 없다. 덧셈을 모르는 사람이 더 높은 단계인 증명 문제를 푸는 것은 무리다.

사업에 대한 공부도 이와 마찬가지로 1단계 지식을 몸에 익히지 않으면 2단계 지식, 그 위의 3단계, 4단계로 더 나아갈 수가 없다.

배움을 소홀히 하던 사람이 갑자기 2단계, 3단계부터 배우려고 해도 결국은 처음부터 배우지 않으면 안 되어서, 차이를 줄이려고 했던 게 오히려 더 벌어지게 되는 경우도 있다.

'나중에 배우지 뭐.'

'언젠가 시간이 나면 세미나에 가 보지 뭐.'

이와 같이 미루는 습관을 오늘부터 그만두자.

어차피 같은 시간을 들여서 무언가를 배운다면, '모든 학습은 지금 당장'의 정신으로 하루라도 빨리 배우는 습관을 들이자. 그것이 학습 효과를 높이는 방법이다.

자신을 바꾸는 point

배움의 기회(세미나, 모임, 독서 등)가 있으면, 이미 있는 스케줄을 조정해서라도 즉시 참가한다.

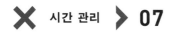 시간 관리 > **07**

공부할 시간이 없을 때는 어떻게 할까?

■ 텔레비전을 보는 시간을 1시간 줄이면,
  1년에 15일을 잠을 자지 않고 계속 일하는
  것과 같은 시간을 만들 수 있다.

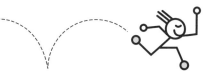

하루에 몇 시간이나 텔레비전을 보는가?

물론 텔레비전 프로그램 가운데는 사업에 유용한 것도 있다. 그러나 집에 오면 아무 의미도 없이 습관적으로 텔레비전을 켜고, 재미가 없는데도 계속 채널을 돌리는 사람이 의외로 많다.

그러면서도 '공부할 시간이 없다', '너무 바빠서 책을 읽을 시간도 없다'고 한탄만 한다면 그 사람은 정말 한심한 사람이다.

예를 들어 텔레비전을 보는 데 하루에 3시간을 쓴다면, '3시간 × 365일 = 1,095시간 = 약 45일 = 약 1개월 반'이 된다.

일 년 동안 1개월 반을 쉬지 않고 텔레비전을 보는 것과 마찬가지다. 1개월 반을 잠도 자지 않고 텔레비전을 계속 보겠느냐고 물으면, 누구라도 '아까운 시간을 그런 식으로 낭비하고 싶지는 않다'고 생각할 것이다.

그런데도 매일 3시간씩은 별로 낭비라는 생각을 하지 않고 소파에 늘어져서 텔레비전을 보고 있다. 그러니 당연히 시간이 부족할 수밖에 없다.

공부할 시간이 없는 사람이라면 적어도 하루 1시간, 텔레비전 보는 시간만이라도 줄여 보면 어떨까?

아무 생각 없이 보는 연속극 세 편 가운데 한 편을 보지 않는 것만으로도 충분하다. 화제의 프로그램 한 편 보지 않는다고 해서 당신의 일은 물론이고 일상생활에서도 불편할 것은 전혀 없다.

1시간을 연간으로 계산하면 약 15일이나 된다. 이는 운전면허를 따는 데 걸리는 기간과 비슷하다.

그런데 면허를 딸 때도 15일 내내 쉬지 않고 공부하는 것은 아니다. 텔레비전 보는 시간을 날마다 1시간 줄이는 것만으로도 실질적으로는 운전면허를 따는 것 이상의 효과를 얻을 수 있다.

이런 사실을 알고 난 뒤부터 나는 몇 년째 텔레비전을 보지 않고 있다(집에 텔레비전이 있기는 하지만 안테나를 설치하지 않았다).

텔레비전을 버리라는 과격한 말을 하고 싶지는 않다. 단지, 텔레비전 보는 시간을 조금만 줄여도 이렇게 많은 '시간'을 만들어 낼 수 있다는 사실을 깨닫기 바란다.

그 '시간'을 자신의 꿈이나 목표를 실현하는 데 사용한다면 많은 것을 이룰 수도 있지 않을까?

자신을 바꾸는 **point**

텔레비전 보는 시간을 하루 1시간이라도 줄여서 공부할 수 있는 시간을 만든다.

야근을 없애는 효과적인 업무 방식

■ '80 대 20의 법칙'을 시간 관리에
   활용해서, 생산성이 높은 20의 일에 모든
   시간을 투자한다.

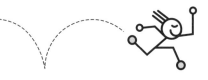

'파레토의 법칙(80 대 20의 법칙)'을 알고 있는 사람이 많을 것이다.

이 법칙은 '성과의 80%는 그 일에 투자한 20%의 시간과 노력으로부터 나온다'는, 경영 분야에서는 잘 알려져 있는 법칙이다.

매출액의 80%는 상위 20%의 충성고객으로 부터 나온다.

그리고 회사 매출의 80%는 상위 20%의 사원이 만든다.

또 고객 문의의 80%는 상위 20%의 같은 질문에 집중되어 있다.

이와 같이 세상에는 파레토의 법칙으로 설명할 수 있는 경제 현상이 많다.

이를 시간 관리에 응용하면, 일반적으로 '업무 성과의 80%는 생산성이 높은 상위 20%의 시간으로부터 만들어진다'고 할 수 있다.

그런데 시간 관리에 관해서는 이 법칙을 의식하고 행동하는 사람이 그렇게 많지 않은 것 같다.

어영부영하다 생산성이 낮은 80%의 일에 시간을 다 써 버리는 바람에, 정작 중요한 20%의 일에 쓸 시간이 없어져 전체적인 성과가 두드러지게 낮아진다.

어째서 시간 관리에서는 이 법칙대로 잘 되지 않는 것일까.

이는 하위 80%의 일은 중요도가 낮은 반면 스트레스가 덜하고, 일 자체의 난이도도 낮기 때문이다. 나를 포함해서 대부분의 사람은 편한 일부터 손을 대고 싶어 한다.

그러나 그런 방식으로는 높은 성과를 기대하기 어렵다.

주어진 시간에 최대의 성과를 내기 위해서는 자신이 제공하는 상품, 서비스, 생산성이 높은 순서대로 위에서부터 20%, 또는 이윤을 내는 순서로 위에서부터 20%를 선택해서, 거기에 자신의 시간을 집중적으로 투자해야 한다. 이것이 유일한 방법이다.

그렇다면 남은 80%의 일은 어떻게 하면 좋을까?

상위 20%에 들어갈 가능성이 있는 일이라면, 그 가능성을 현실화하기 위해 노력해야 한다.

그렇지만 너무 힘들거나 또는 처음부터 상위 20%에 들어갈 것 같지 않은 일은 '다소 잃는 게 있다고 해도 어쩔 수 없이 버린다'는 각오도 필요하다.

어느 쪽이든 일에 임하기 전에, '상위 20%의 일인가? 아니면 하위 80%의 일인가?' 하는 질문을 스스로에게 던지는 습관을 몸에 익히자.

파레토의 법칙을 적용해 시간을 활용한다면 1개월 뒤, 3개월 뒤, 반 년 뒤, 1년 뒤에는 업무 성과가 눈에 띄게 달라질 것이다.

자신을 바꾸는 **point**

항상 일의 효율성을 생각해서 생산성이 높은 20%의 일에 집중적으로 시간을 사용한다.

시간 관리 > **09**

하루 24시간이 부족할 정도로 바쁜 사람들을 위한 조언

■ 업무량을 소화하는 것보다 성과를 내는 데
  초점을 맞춰야, 효율적인 시간 관리를 할 수
  있다.

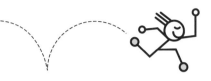

평소에는 시간 관리를 잘 하다가도 자신의 능력을 초과하는 많은 일을 맡게 되면, 갑자기 머리가 하얗게 변해 아무 생각도 안 나는 경험을 해본 적이 있는가?

나도 시간 관리와 관련해 여러 가지 공부를 하고 시도도 해보았다. 그러나 너무 바빠지면 시간 관리 기술만으로는 잘 되지 않을 때가 있다.

결국 '생각하는 방법 자체를 근본적으로 바꾸지 않으면 안 된다'고 생각한 끝에 내린 결론은, '개인 브랜드를 확립한 뛰어난 경영자를 셀프 이미지화한다'는 간단한 방법이었다.

그때까지는 처리할 안건이 많아지면, '아 바쁘다', '이럴 때는 어떻게 하면 될까?' 하고 나 자신과 마음속으로 대화를 하면서 시간 관리 기술을 다양하게 적용해 보았다.

그런데 나름대로 효과가 있다고 해도 점점 더 많은 일들을 처리해야 할 상황에 부딪히면, '여러 가지 방법을 다 동원해 보아도 역시 바쁜걸' 하고 생각이 다시 제자리로 돌아올 때가 있다.

이 사이클에서 벗어나기 위해 다음과 같은 질문을 스스로에게 던져 보았다.

'내가 뛰어난 경영자라면 어떻게 할 것인가?'

이와 같이 자신의 셀프 이미지를 '단지 바쁜 사람'에서 '뛰어난 경영자가 된 자신'으로 바꿔 생각하면, 시간 관리에 대한 생각을 완전히 바꿀 수 있다.

이익을 내는 것과 관련해서 경영자의 책임은 평사원과는 비교가 안 된다. 결과가 모든 것을 말해 주므로, '바쁜데 어떻게 이 일을 다 하지?'라는 소극적인 사고가 아니라, '결과를 내기 위해서는 무엇을 해야 하는가?' 하는 적극적인 사고로 행동하게 된다.

그래서 때로는 우선순위가 낮은 일은 다른 사람에게 맡기기도 하고, 거꾸로 중요한 일은 예정된 시간을 초과해도 납득이 갈 때까지 확실히 마무리하는 식의 결단을 하게 된다.

시간 관리의 핵심은 '일을 마치는 것'이 아니라 '결과를 내는 것'이기 때문에 아무리 많은 안건을 맡아도 효과적으로 처리할 수 있다.

이와 같이 뛰어난 경영자의 입장으로 자신의 위치를 바꿔서 생각하게 된 다음부터는, 지금까지 배운 시간 관리 테크닉도 훨씬 효율적으로 활용하게 되었다.

가끔 나는 나 자신을 '뛰어난 경영자'라고 상상하고 일을 처리하곤 했는데, '인기 작가'든 '유명한 프로듀서'든 결과를 끊임없이 내지 않으면 안 되는 사람의 셀프 이미지는 무엇이든 상관없다.

바쁠 때는 '내가 ○○○ 씨라면 어떻게 할 것인가?' 하고 항상 자문한다. 그러면 시간을 더욱 효율적으로 관리할 수 있다.

자신을 바꾸는 **point**

끊임없이 결과를 내는 전문가들을 떠올리고, 그 사람의 입장에서 다시 한 번 시간을 효율적으로 관리한다.

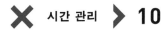 **시간 관리** ▶ **10**

미루는 습관을 극복하는 확실한 방법

■ '내일부터 하지 뭐' 보다는,
  '지금 바로 하자' 고 말한다.

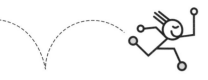

　　　　　　　　　　　　　말하기 조금 창피한 일이기는 하지만,
나는 '바로 하자 공화국의 대통령' 이다.

　이는 내 마음대로 만든 나라 이름이고 지위다. 물론 세계 어디에
도 이런 나라는 없지만 말이다.

　실은 이 세상 대부분의 사람들은 자신이 해야 할 일을 지나칠 정
도로 잘 알고 있다.

　그런데 하지 않으면 안 된다는 것을 머리로는 알고 있어도, '내일
부터 하지 뭐' 하고 미루게 된다.

　하지만 내일이 되면 하는가 하면 꼭 그렇지도 않다. 내일이 되면
또 '내일부터 하지 뭐' 하고, 또 그 다음 날이 되면 '자, 내일이야
말로 꼭 하자' 고 생각한다.

　내일이었던 것이 어느새 다음 주가 되고 다음 달이 되고, 또 다음
해로 넘어간다. 다음 해라도 착수하면 다행이지만, 나중에는 꼭 해
야 할 일인데도 왜 해야 하는지 잊어버리게 되는 경우까지 생긴다.

　실은 나도 이런 타입이다.

　이런 자신의 게으름이 싫어졌을 때 우연히 생각해 낸 것이 드럭

스토어를 창시한 '마츠모토 기요시(松本淸)'가 지바 현의 마쓰도(松戸) 시 시장 시절에 생각해 낸 아이디어, '바로 하는 부서'다.

이 부서는 주민의 민원 요구가 있을 때 바로 할 수 있는 일들은 곧바로 처리하기 위해 만들어진 전문 창구다. 이후 마쓰도 시의 주민 서비스는 빠르게 향상되어, 지금까지도 다른 지방자치단체에서 벤치마킹을 하고 있다고 한다.

이 방법을 활용하면 나도 스피드 있게 움직이는 사람이 되지 않을까?

이렇게 생각해서 이름을 붙인 것이 서두에 쓴 '바로 하자 공화국의 대통령'이다. 좀 유치한 이름이지만 실은 이것이 의외로 효과가 있다.

좀처럼 행동으로 옮기기 힘들 때, '맞다, 내가 바로 하자 공화국의 대통령이었지'라고 한마디 외치면, 이상할 정도로 바로 몸이 움직여진다.

입으로 소리를 내는 것의 심리학적 효과는 제5장의 '사람의 마음을 열어 주는 긍정적인 말의 힘' 편을 참고하라.

'바로 하자 공화국'은 실재하는 나라가 아니므로 대통령이 몇 명이 나와도 상관없다.

한 걸음을 떼는 게 왠지 무거운 사람은 오늘부터 '바로 하자 공화국의 대통령' 이 되면 어떨까?

소리를 내면서 하다 보면 꼭 해야 할 일을 바로 하는 사람이 될 것이다.

자신을 바꾸는 point

'바로 하자 공화국의 대통령', '바로 하자 주식회사의 사장', '바로 하자 왕국의 국왕' 등 자기 마음에 드는 이름을 지어 빠르게 움직인다.

느슨해진 생활에서 벗어나는 법

■ 마음의 충족감을 얻기 위해서, 하루를
생활시간 단위로 잘게 자른다.

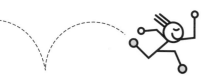

파산한 회사를 그만두고 약 3년간 실업
자로 있을 때의 일이다. 회사를 그만둔 뒤에 잠시 동안은 정말 푹 쉬
었다.

일이 들어오면 그때 할지 안 할지를 결정하자, 일이 없으면 없는
대로 실업 수당이 나오니까 어떻게든 되겠지, 하는 생각이었다.

그때의 사고 단위는 '1일', 곧 하루였다.

오늘은 책을 읽자. 오늘은 이 영화를 1편부터 끝까지 다 보자. 오
늘은 조깅을 하면서 이 음악을 전부 듣자. 오늘은 서점에 가자.

마치 러시아 민요인 〈1주일〉이라는 노래처럼(일요일엔 시장에 가고
뭐, 그런 노래다) 하루에 한 가지 일만 하는 느리게 살기를 만끽했다.

그런데 그것도 나름대로 좋았지만, 왠지 너무 느슨하게 시간을
보내는 느낌이 들었다.

그래서 단위 시간의 생산성을 높일 수 있는 방법은 없을까 생각
하다가 하루를 아침, 점심, 저녁의 세 단위로 나누어 보았다.

예를 들어 오전에는 조깅을 하고, 오후에는 세미나에 가고, 저녁
에는 독서를 하고 하는 식이다.

하루에 변화가 있어서 왠지 생활에 활력이 생기는 느낌이 들었

고, 기분도 좋았다.

그런데 한참을 계속하다 보니 이것만으로는 왠지 부족한 느낌이 들었다. 그래서 다음에는 '1시간 단위'로 나누어 시간을 활용하는 방법을 시도해 보았다. 계획을 1시간 단위로 잡으니 갑자기 시간의 밀도가 높아졌다(여기까지는 평범한 회사원의 감각이다).

나는 여기서 멈추지 않고 시간 활용도를 더 높이기 위해 다시 15분 단위로 나누었다. 전화, 이메일 등은 5분 단위로 할 수 있는 일이다.

이렇게 생활의 시간 단위를 잘게 나눌 때마다 시간의 밀도가 높아지고, 일의 속도가 붙고, 시간에 대한 예민한 감각이 길러졌다.

이렇게 해서 일의 속도를 높여 가면 주변에도 변화가 생긴다.

일의 회전이 빨라지고, 피드백도 점점 빠른 사이클로 돌아오게 된다. 어느새 생활 스타일도 완전히 바뀌어서 만족도가 높은 일상을 보낼 수 있다.

'슬로 라이프(느리게 사는 삶)로 돌아가자는 시대에 무슨 소리를 하는 거냐?'고 할지도 모르지만, 내 경우 천천히 쉬는 것보다 지금이 몇 배 이상 삶에 충실해진 느낌이다.

자신을 바꾸는 point

5분, 10분, 15분 단위까지 시간 단위를 잘게 잘라 시간의 밀도를 높인다.

일기를 쓰면
당신의 꿈을 찾을 수 있다

뉴스레터 독자로부터 가끔 다음과 같은 상담 메일을 받을 때가 있다.

"장래에 대해서 막연하고 불안한 마음이 있는 데다 구체적으로 '이것을 하고 싶다', '저것을 실현해 보고 싶다'와 같은 꿈조차 없다. 명확한 목표가 없으니까 무엇을 해야 좋을지 모른 채 자꾸 초조해진다"는 것이다.

정말 이해가 가는 고민이다. 실은 나도 20대 중반까지는 같은 불안감을 맛보았다.

나는 대학 졸업 후 어떤 기업에 입사했다. 취업 대란이 시작된 때여서 취직한 것만으로도 기뻤다.

그런데 '이렇게 안심해도 되는 걸까. 갑자기 회사가 도산할지도 모르고, 내가 잘리지 않는다는 보장도 없다. 만약 그런 일이 일어나지 않는다 해도 장래에 연금을 받지 못할지도 모르지 않는가?'와 같은 비관적인 생각을 떨칠 수가 없었다.

그렇다고 해서 장래에 대한 비전이 보이는 것도 아니었다. 성공에 대한 갈망은 있었지만 조직 사회에서 출세를 하고 싶은 건지, 독립해서 사업을 하고 싶은 건지, 아니면 다 제쳐 두고 하고 싶은 일이나 하면서 살 것인지 나 자신도 잘 몰랐다. 목표가 없었기 때문에 불안감은 더욱 커졌다.

이러한 불안감을 해소하는 데 도움을 준 것은 일기를 쓰는 일이었다.

내 자신의 막연한 생각을 글로 쓰는 동안에 조금씩 꿈이 구체화되었고, 안절부절못하던 마음도 서서히 사라졌다.

생각을 글로 적는 일은 언뜻 보면 쉬워 보이지만, 사실은 아주 어렵다. 정확한 단어로 표현하기 위해서는 반드시 자신의 내면을 속속들이 들여다보지 않으면 안된다. 이 과정을 매일 반복하면서 서서히 '내가 구상한 아이디어로 사업을 한번 해보고 싶다'는 꿈이 생겼다.

　구체적인 꿈이 생기면서 그 꿈을 이루기 위해 해야 할 일도 보이기 시작했다. 낯선 거리를 혼자 불안하게 걷는 것 같았던 마음이 한순간에 목적지와 지도를 손에 넣은 것처럼 분명해졌다.

　부끄러운 이야기지만, 나는 일기를 쓰기 전까지 꿈은 하늘에서 내려오는 것이라고 생각했다. 운명적인 사람을 만나 사랑에 빠지는 것과 마찬가지로, 어느 날 갑자기 자신을 불태워 줄 무언가와 만나야만 구체적인 목표가 생긴다고 생각했다.

　그러나 아무리 기다려도 그런 행운은 일어나지 않았다. 그러다 꿈은 다른 곳이 아니라 자신의 마음속에 있으며, 자신과 마주하면서 자신의 생각을 언어화하지 않으면 구체화할 수 없는 것이라는 확신을 갖게 되었다.

　지금 발행하고 있는 뉴스레터도 일기의 또 다른 형태다.

　뉴스레터를 통해서 나 자신의 꿈을 메일로 보내면 여러 곳에서 다양한 반응이 온다. 그러면서 자신을 더욱 깊이 들여다볼 필요가 생기고, 새로운 꿈을 떠올리게 되는 일도 있다. 많은 사람에게 자신의 일기를 공개해서 자극을 줌으로써 자신의 꿈도 진화한다.

　장래의 꿈이 뭔지 모르는 사람은 자신의 생각을 일기에 적어 보라. 지금까지 머릿속에서 아무리 생각해도 보이지 않던 꿈이 글로 쓰는 과정에서 서서히 모습을 드러낼 것이다.

　또 그것을 블로그나 뉴스레터를 통해 공개해 보라. 많은 사람에게 자신의 꿈이 알려지는 순간 그 꿈은 더욱 성장해 나갈 것이다.

PART 3 〈자기 관리〉편

업무 속도를
20배 높여 주는
효과적인 방법

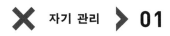

주위에 자신의 인상을 강렬하게 어필하라

■ 1등이 아니면 사람들에게 기억되지 않는다.
   어떤 일에서든 최고를 지향하라.

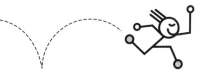

‘손님은 첫 번째밖에 기억하지 못한다.’

자신을 팔 때, 나는 항상 일본 경영 품질상까지 받은 주식회사 무사시노(武藏野)의 고야마 노보루(小山昇) 사장이 가르쳐 준 이 말을 떠올린다.

"후나타니 군, 일본에서 가장 높은 산을 알고 있나?"

"후지 산입니다."

"그럼 두 번째로 높은 산을 알고 있나?"

"글쎄요, 잘 모르겠는데요."

"그건 다르게 말하면, 일본에는 후지 산밖에 없다는 얘기야."

나는 눈이 휘둥그레졌다.

당연히 일본에는 크고 작은 산이 있다.

그러나 "일본에서 두 번째로 높은 산은?"이라고 누가 물으면, 누구나 나처럼 잘 대답하지 못할 것이다.

두 번째로 높은 산을 모르는 사람에게는 일본에는 후지 산밖에 없는 것이나 마찬가지다.

사실이야 어찌 됐건 사람들은 첫 번째만을 기억한다

는 말이다.

사업도 마찬가지다.

두 번째 회사, 두 번째 인재는 많은 사람들에게 '그 밖의 것들'과 같은 취급을 받는다.

아무리 작은 분야라 해도 최고가 되지 않으면 상대방에게 강한 인상을 주지 못한다.

만약에 장사를 한다면 자기 나라에서 넘버원, 그 시에서 넘버원, 그 마을에서 넘버원, 그 업계에서 넘버원을 목표로 해야 한다.

아무리 작은 분야라도 좋다. 우선 거기서 최고가 되면, 소비자나 거래처의 머릿속에 확실히 그 존재가 기억되고 '그 밖의 것들'에서 벗어날 수 있다.

그렇다면 최고가 되기 위해서는 무엇을 해야 할까?

고야마 사장은 이렇게 말한다.

"우선은 해야 할 일보다 하지 말아야 할 일을 정해야 한다.

그렇지만 능력이 없는 사람일수록 많은 것을 하려고 한다. 가만히 있어도 힘이 달리는데 여러 가지를 하니까 어디서도 최고가 될 수 없다.

최고가 되기 위해서는 처음부터 하지 말아야 할 것을 정하고, 영역을 확정해 거기에 자기가 가진 모든 것을

쏟아 부어야 한다. 그러면 누구라도 어느 분야에서든 최고가 될
수 있다."

실제로도 넘버원 사업체를 일궈 낸 고야마 사장이기에 그 말은
깊이가 있다.
확실히 초조하게 이것저것 손을 대면 가지고 있는 힘이 분산되어
어중간한 결과밖에 나오지 않는다. 그보다는 능력을 한곳에 집중해
서 분야의 크기에 연연하지 않고 자신이 후지 산이 되기 위해 전력
을 쏟아 부어야 한다. 그것이 상대방에게 강렬한 인상을 주는 첫걸
음이다.

자신을 바꾸는 point

지금 하고 있는 일 중에서 우선순위가 낮은 일들은 다 잘라 버리고 성과를
낼 수 있는 한가지 일에 집중한다.

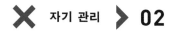 **자기 관리** 〉 **02**

지금까지의 자신과 결별하라

■ 한 단계 위의 환경을 경험하면, 자신의
'안전지대'를 끌어올릴 수 있다.

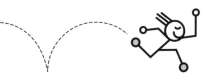

평소에 잘 가지 않는 고급 레스토랑에서 식사를 하면, 조마조마하면서도 왠지 불편한 느낌이 들었던 기억이 없는가?

이와 같이 한 단계 위의 환경에 접했을 때 움츠러드는 것은, 실은 인간이 가지고 있는 '안전지대'와 깊은 관계가 있다.

인간은 밑으로 떨어지는 것에 민감하다.

연봉이 500만 엔인 사람은 연봉이 50만 엔 삭감되면 얼굴이 새파래진다.

연봉이 400만 엔까지 떨어지면 큰일이라고 생각하기 때문에, 450만 엔이 된 시점에서 어떻게든 현상 유지를 하려고 노력한다.

또 연봉이 3,000만 엔인 사람은 2,000만 엔에 가까워지면 속이 울렁거리고, 연봉이 1,000만 엔인 사람은 제로에 가까워지면 상황을 바꾸기 위해 온갖 노력을 기울인다.

이와 같이 인간은 누구나 '안전지대'라는 게 있어서 거기서 떨어지면 갑자기 불안을 느낀다.

그런데 인간은 이 안전지대가 위로 이동해도 민감하게 반응한다.

연봉 300만 엔으로 오랫동안 만족하던 사람이 갑자기 600만 엔을 벌게 되면, 이때도 마찬가지로 불안을 느낀다. 잠재의식 속에서 '어차피 내게는 어울리지 않는다. 이것은 격에 맞지 않는다'고 멘탈 블록(심리적 장벽)이 작용해서 원상태로 돌아가기 위해 브레이크를 거는 것이다.

고급 레스토랑에서 마음이 편치 않은 것도 이런 안전지대 때문이다.

안전지대 위에 있는 벽을 깨기 위해서는 자신보다 한 단계 높은 수준의 환경을 자주 접하면서 조금씩 익숙해져야 한다.

수영장에 들어갈 때는 우선 발부터 물에 들여놓은 다음, 몸에 물을 끼얹으면서 물의 온도에 서서히 몸을 적응시킨다.

라이프 스타일이나 일도 마찬가지다.

무슨 일이든 조금씩 새로운 환경에 적응하다 보면, 어느 순간 그 세계에 자연스럽게 어울리는 자신의 모습을 발견할 수 있다.

자신이 성장할 수 있는 환경, 자신의 껍질을 깰 수 있는 환경은 다른 누구도 아닌 스스로가 준비해야 한다.

누군가가 제공해 줄 때만 기다리고 있으면, '안전지대'의 벽은 점점 더 두꺼워지고 깨기 힘들어질 것이다. 다음과 같이 한 번 해보라.

한 번도 묵은 적이 없는 고급 호텔에 숙박해 본다.

비행기의 비즈니스 클래스를 이용해 본다.

자기보다 월등히 일을 잘하는 사람과 함께 일을 해본다.

최고 전문가들과 만나 그들의 이야기를 들어 본다

처음에는 긴장의 연속일지 모르지만, 이런 경험을 쌓아 가다 보면 안전지대는 확실히 한 단계 높아진다.

이런 상황이 익숙해지면, 지금까지와는 다른 자신을 만나게 될 것이다.

자신을 바꾸는 point

평소에는 잘 가 보지 못하는 장소에 한번 가 본다. 그리고 익숙해질 때까지 계속 다녀 본다.

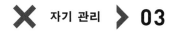 **자기 관리** **03**

자신의 시장 가치를 파악하라

■ '자신의 능력이나 기술의 재고 조사'를
통해 미처 깨닫지 못한 자신의 가치를
발견하라.

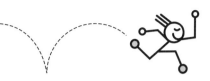

종이를 한 장 준비해서 스스로 '이런 일은 식은 죽 먹기'라고 생각하는 것을 포함해서 자신의 특기, 기술, 장점 등을 100개 이상 적어 보라.

시작!

자, 어떤가? 몇 시간이 걸려도 좋으니까 천천히 적어 보라.

다 적었다면 적어 놓은 100개의 리스트를 보면서 계속해서 다음 글을 읽어 주기 바란다.

몇 년 전 나는 당시에 근무하던 회사가 기울어지기 시작했을 때, '나 자신을 더 비싸게 팔기 위해서는 어떻게 하면 좋을까?' 하는 고민을 한 적이 있다.

하지만 비싸게 팔려고 해도 내 자신의 장점을 잘 몰랐기 때문에 우선은 내 자신의 장점이라고 생각하는 것들을 무조건 적어 보았다.

처음으로 '자신의 능력이나 기술의 재고 조사'를 한 것이다.

당시에 내가 적었던 내용을 소개하면 다음과 같다.

- 책을 읽는 것(많은 양의 책을 빨리 읽을 수 있다).
- 문장을 쓰는 것(막힘 없이 많은 내용의 글을 쓸 수 있다).

- 세미나에 가는 것(즐거운 마음으로 하루도 빼놓지 않고 출석할 수 있다).
- 점심, 저녁을 매일 새로운 사람들과 함께 먹는 것.
- 인터넷에서 각종 커뮤니티를 운영하는 것.

이런 식으로 생각나는 것들을 계속해서 100개 이상 써 내려갔다.

나는 책을 많이 읽는 것은 당연한 일로 생각했다. 글을 쓰는 것이나 세미나에 가는 것, 사람들과 점심을 먹는 것도 마찬가지다. 사실 이런 일들은 모두 내게는 '취미'고 당연한 일이었다. 하지만 이전까지는 이것이 나의 '장점'이라고 생각한 적이 없었다.

그런데 실제로 적고 나서 다시 보니 책을 읽는 것, 글을 쓰는 것, 세미나에 가는 것, 다양한 사람들과 만나는 일을 나만큼 잘 하는 사람이 생각처럼 많지 않다는 사실을 깨닫게 되었다.

아니 어쩌면 그 4개를 동시에 계속해 왔다면, '유일한 사람'이 되었을지도 모른다.

그렇게 나 자신의 장점을 알게 된 내가 '나를 비싸게 파는 방법'으로 생각한 것이, 책이나 세미나, 사람과의 만남을 통해 매일 새로운 지식과 정보를 습득하고 그 학습 성과를 편집해 인터넷에 퍼뜨리는 것, 즉 '뉴스레터를 보내는 것'이었다.

운이 좋게도 나는 이와 같은 방식으로 강점을 활용하는 길을 찾았다.

지금 이 책을 읽고 있는 독자들도 각자의 강점이 있을 것이고, 그것을 잘 활용하면 온리원이 될 수 있다.

지금 자신이 쓴 '100개의 재고 조사' 리스트를 천천히 읽고 당신만의 온리원을 꼭 발견하기 바란다.

자신을 바꾸는 point

사소한 것부터 중요한 것까지 자신이 할 수 있고, 잘 하는 것을 100가지 적어 본다.

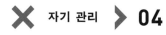 자기 관리 ▶ **04**

자신의 매력을 발견하라

■ 처음에는 다른 사람들보다 열등해도,
당신이 성장해 가는 과정을 있는 그대로
보이면서 사람들을 끌어당긴다.

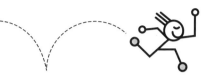

여러분이 잘 아는 '다이코키(太閤記)' 는, 도요토미 히데요시(豊臣秀吉)의 입신출세를 다룬 이야기다.

많은 작가들이 이 이야기로 글을 썼지만, 나는 특히 시바 료타로(司馬遼太郞)가 쓴 『신샤다이코키(新史太閤記)』를 좋아해서 몇 번이나 읽었고, 그때마다 큰 감동을 받았다.

생각해 보면 히데요시의 입신출세 이야기를 좋아하지 않는 일본 사람은 별로 없는 것 같다.

다이코키뿐 아니라 주인공이 성장해 가는 과정을 다룬 소설, 영화, 드라마, 만화에는 사람을 끌어당기는 무언가가 있다.

예를 들어 만화 가운데서는 〈드래곤볼〉이나, 텔레비전 드라마로 만들어 인기를 끈 〈드래곤 사쿠라〉 같은 작품이 여기에 해당한다. 중국에서는 예로부터 『삼국지연의』가 인기를 끌었고, 최근에는 전 세계적으로 『해리포터』 시리즈가 대히트를 하고 있다.

이들 작품의 공통점은 처음에는 연약했던 주인공이 성장하면서 점점 강해지는 이야기다.

동서고금을 막론하고 성장기는 많은 사람을 매료시킨다.

다시 말해서 사람을 끌어당기기 위해서는 '스스로 성장해 가는 모습'을 꾸준히 보여 주어야 한다는 뜻이다.

내가 발행하는 뉴스레터인 〈헤이세이·진화론〉도 의식적으로 성장기의 형태를 추구했다. 때론 별로 보여 주고 싶지 않거나 숨겨 두고 싶은 부분까지 모두 공개해서, 내가 매일매일 조금씩 성장해 가는 과정을 보여 주자는 취지였다.

덕분에 독자들로부터 '당신이 성장해 가는 이야기를 공유할 수 있어서 기쁘다'는 답장을 받기도 했고, 독자 수도 꾸준히 늘어나고 있다.

이렇게 해서 많은 사람들에게 흥미를 줄 수 있다는 것은 참으로 즐거운 일이다.

비즈니스는 우선 상대방이 나에 대해 흥미를 가질 수 있도록 하는 것이 중요하다.

그렇다면 상대방의 관심을 끌기 위해 먼저 '당신의 성장 이야기'를 전면에 내세우는 일부터 시작하는 것은 어떨까?

어떤 형태로든 '성장'에 초점을 맞추어 자신의 이야기를 다른 사람들에게 하다 보면, 그 이야기에 공감할 수 있는 많은 사람들을 만나게 될 것이다.

반드시 뉴스레터나 블로그 같은 온라인 수단이 아니어도 좋다. 실생활에서 성장해 가는 모습을 주위에 보여 주는 것도 '성장 이야기'를 사람들과 나눌 수 있는 효과적인 수단이다.

현재 자신의 모습이 다른 사람들보다 뛰어나지 않아도 괜찮다. 성장해 가는 정도가 크면 클수록 위대한 스토리를 쓸 수 있기 때문이다.

자신을 바꾸는 point

일상생활이나 인터넷을 통해 자신의 부족함을 있는 그대로 내보이고, 매일매일 성장해 가는 모습을 세상에 알린다.

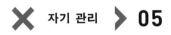 **자기 관리** ▶ **05**

단위 시간당 수입을 높여라

■ **연봉을 목표로 일해서는 안 된다. 빠른
시간 안에 수입을 크게 늘리고 싶다면,
단위 시간당 수입을 목표로 일해야 한다.**

연봉 1,000만 엔, 3,000만 엔, 5,000만 엔, 1억 엔을 벌고 싶다. 그런데 그런 목표를 가지고 있어도 무엇을 해야 할지 몰라서 시간을 낭비하다가 의욕마저 잃어버리는 사람이 있다.

원인은 목표의 단위가 너무 크기 때문이다. 벌고 싶은 돈은 연봉이 아니라 시간당 수입으로 계산해야 한다.

이를 위해 먼저 원하는 연봉을 정한다.

예를 들어 희망 연봉을 1,000만 엔으로 정하고 1년에 250일 일한다면, '1000만 엔÷250일 = 4만 엔'이 된다. 결국 하루에 4만 엔이 원하는 시간당 수입이다.

이것을 좀 더 구체적으로 시간으로 생각해 보자. 아침 9시부터 저녁 7시까지 일하고, 쉬는 시간이 1시간이라면, 실제로 일하는 시간은 9시간이다. 따라서 하루 수입 4만 엔을 시간당 수입으로 계산하면, '4만 엔÷9시간 = 4,500엔'이 된다. 결과적으로 1시간에 4,500엔을 벌면 희망 연봉을 달성할 수 있다는 계산이 나온다.

이와 같이 구체적인 시간당 목표를 설정하면, 다음과 같은 의문이 생긴다.

첫째, 목표를 달성하기 위해서 지금 해야 할 일은 무엇인가?

둘째, 목표를 달성하기 위해서 지금 하지 말아야 할 일은 무엇인가?

이러한 의문은 시간당 단가를 기준으로 자신이 하고자 하는 일의 가치를 판단하는 과정에서 자연스럽게 해결될 것이다.

첫째, 지금 자신이 하고 있는 작업은 시간당 4,500엔의 가치가 있는가?

둘째, 이 서류 프린트는 시급 800엔의 아르바이트를 써도 되는 작업이 아닐까?

연봉 1,000만 엔을 벌기 위해 필요한 행동이 무엇인지 판단하기는 어려워도, 1시간에 4,500엔을 벌기 위해서 필요한 행동이라면 머리에 떠올리기 쉬울 것이다.

또 하고자 하는 일이 아무리 생각해도 4,500엔을 만들기 힘든 일이라면, 그런 일은 다른 사람에게 맡기고 자신은 목표 달성에 필요한 일을 하면 된다.

어쨌든 연봉 1,000만 엔을 목표로 잡는 것보다는 시간당 단가를 목표로 정하는 것이 보다 효율적이고, 중도에 포기하지 않고 꾸준하게 목표에 전념할 수 있는 길이다.

물론 목표를 설정했다고 바로 자신의 목표 단가를 올릴 수는 없다. 내가 일하던 회사가 도산한 뒤, 나는 자신의 시간 단가를 크게 늘려서 5만 엔으로 설정했지만, 당연히 바로 목표 금액을 만들 수는 없었다.

하지만 나 자신의 시간 단가를 정하고 나니, '지금 하고 있는 일로 정말 그만큼 벌 수 있을까?' 자문자답하게 되어 5분, 10분의 짧은 시간이라도 어떻게 하면 최고의 실적을 올릴 수 있을까 하는 생각으로 일에 더 집중하게 되고, 시간의 밀도를 높일 수 있었다.

그 결과 나는 1시간당 5만 엔 이상의 가치를 만들어 낼 수 있게 되었다.

자신을 바꾸는 point

목표로 하는 연봉에서 자신의 단위 시간 당 수입을 계산해 본다.

그리고 자신의 능력을 최대한 발휘해서 목표 금액을 벌기 위해서 필요한 일에 집중한다.

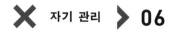 자기 관리 ❯ **06**

자신이 정말로 원하는 것이 무엇인지 파악하라

■ **스스로에게 '자신이 정말로 원하는 것' 이 무엇인지 물어보면, 자신의 행동에 제동을 거는 근본적인 원인을 알 수 있다.**

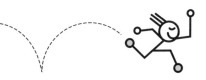

모든 사람들이 하나같이 '돈을 벌자', '인맥을 넓히자', '성공하자'고 노래를 부른다. 아마 덩달아 '나도 한번 그렇게 해볼까?' 하고 생각하는 사람도 많을 것이다.

그런데 그것이 정말로 자신이 간절하게 원하는 것인가? 한번쯤 반문해 보라.

말로는 자신의 꿈이나 목표를 말하면서 그것을 이루기 위한 구체적인 행동이 따르지 않을 때가 있다.

돈을 벌고 싶다고 말을 하면서도 전직도 독립도 부업도 하지 않는다.

인맥을 넓히고 싶다고 말하면서 세미나에 참가해도 다른 사람들에게 말을 걸지 않는다.

지금보다 높은 지위를 바라면서도 그것을 이루기 위해 필요한 노력은 전혀 하지 않는다.

만일 당신이 지금 이와 같은 상태라면, 실제로 당신의 잠재의식은 다른 것을 바라고 있는지도 모른다.

'돈이 필요하다. 그렇지만 돈보다도 더 원하는 게 있는 것은 아

닐까?'

'친구가 많았으면 좋겠다. 그렇지만 소수의 가까운 친구들과 지내는 것도 나쁘지 않다.'

'독립해서 마음대로 일을 하고 싶다. 그렇지만 직장 생활을 하는 편이 더 편할지도 모른다.'

무의식적으로 이렇게 생각하고 있다면, 아무리 꿈을 갖고 있다 해도 자신의 잠재의식이 부정적으로 작용하여 꿈이나 목표를 실현하기 어려울 것이다.

자신의 꿈이나 목표를 위해 행동하지 않는 사람은 지금 한 번 자기 자신에게 '정말로 내가 원하는 것이 무언지'를 물어 잠재의식을 언어화해 보라.

자신의 목표와 잠재의식 사이에 틈이 없다는 것을 안다면, '뭐야, 전혀 망설일 필요 없잖아' 하는 마음이 들어, 과감하게 스스로의 한계를 극복할 수 있다.

그리고 한계를 극복하는 순간 다음 단계로 쉽게 나아갈 수 있다.

또 잠재의식을 언어화하면, '내가 정말로 원하는 것은 다른 것이었다'는 사실을 발견할 수도 있다.

그러면 자신의 목표를 수정해 삶의 방향을 바꾸면 된다.

정보화의 속도가 빨라지면서 우리는 지금 과도한 정보의 홍수 속에서 살고 있지만, 거기에 자신을 무리하게 맞출 필요는 없다. 정보는 어디까지나 인생의 힌트 가운데 하나에 불과하며, 당신은 당신이 원하는 인생을 살면 되는 것이다.

어쨌든 스스로에게 '내가 정말 원하는 것은 무엇인가?'를 물을 때, 비로소 지금까지 보이지 않던 한계를 깨닫게 된다.

한계를 극복하면 새장에서 나온 새처럼 미래를 향해 곧장 날개를 펼 수 있을 것이다.

자신을 바꾸는 point

자신이 원하는 것, 하고 싶은 것을 모두 종이에 적는다.

익숙한 것들과 결별하고 새로운 자신을 만나라

■ 자신의 내면에 숨어 있는 수많은 '돌연변이'를
일깨워 '도태'의 과정을 거쳐서 살아남은 것이
진정으로 '진화'한 자신의 모습이다.

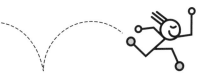

내가 발행하는 뉴스레터 〈헤이세이 · 진화론〉은 다윈의 진화론에서 이름을 따온 것이다.

진화론에 대해서는 아마 여러분도 생물 시간에 들은 적이 있을 것이다.

여기에서 한 번 복습을 해보자.

돌연변이 : 돌연, 유전자에 변화가 생겨 다종의 생물이 나타난다.
도태 : 그중에 환경에 적응하지 못하는 종은 살아남지 못한다.
진화 : 환경에 적응한 종만이 살아남는다.

이와 같이 다윈의 진화론에서는 돌연변이와 도태에 의해서 환경에 적응하는 생물만이 살아남는 것을 진화라고 한다.

또한 다윈의 진화론에서는 수많은 돌연변이가 존재하기 때문에 비로소 종으로서 살아남을 확률이 높아진다고 보고 있다.

이 진화론을 실생활에 적용해 보자.

일상생활에서 돌연변이란 지금까지와는 다른 시도를 하는 것을 말한다.

전문 강좌를 듣거나 자격증을 따는 것도 좋고, 뉴스레터를 발행하는 것, 여러 커뮤니티에 얼굴을 내미는 것도 좋다.

선입견 없이 지금까지 꺼리던 것을 포함해서 어쨌든 새로운 시도를 해본다.

새롭게 시작한 일 가운데는 해봤지만 별로인 일도 있고, 요즘 시대와는 맞지 않는 일도 있을 것이다. 그런 것은 주저하지 말고 '도태' 시켜 버린다.

이 과정을 거듭하다 보면 나중에는 아무리 도태시키려 해도 도태되지 않는 새로운 자신의 모습을 발견하게 될 것이다.

그것이 진정한 당신의 모습, 즉 '진화' 이다.

'나 자신을 찾고 싶다. 나 자신을 갈고닦고 싶다' 고 말하면서, 아무 행동도 하지 않는다면 결코 진화할 수 없다.

자신을 성장시키기 위해서는 용기를 내서 자기 자신 속에 내재하는 수많은 돌연변이를 일깨우지 않으면(새로운 것에 과감하게 도전하지 않으면) 안 된다.

그와 같은 도전을 많이 하면 할수록 결과적으로 더 우수한 종으로 진화할 수 있다.

뉴스레터 〈헤이세이 · 진화론〉의 명칭에는 그런 식으로 항상 자신을 진화시켜 나가겠다는 결의가 담겨 있다.

지금까지 해보지 않은 일을 10개 이상 적어 놓고 하나씩 도전해 본다.

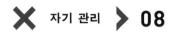 자기 관리 ▶ **08**

자신의 자원을 타인과 교류하라

■ 정보나 인맥을 쌓는 것만으로는 성장할 수
없다.

■ 자신의 자원을 타인과 교류해야 더 크게 성장할
수 있다.

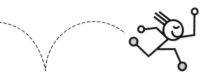

　'요즘 들어 나의 성장 속도가 둔해진 것 같다.'

　그렇게 느낀다면 자신이 갖고 있는 돈이나 물건, 정보, 노하우, 인간관계들을 손안에 쥐고(stock) 있을 것이 아니라 밖으로 흐르게 하면(flow) 어떨까?

　'거기에 있다'와 '흐르고 있다'에는 큰 차이가 있다. 물은 흐르지 않으면 썩게 마련이다.

　흐르지 않는 강은 미생물이나 세균에게 최적의 번식 환경이 되어 급기야는 냄새를 풍기게 된다.

　이는 우리들의 자원도 마찬가지다. 아무리 많은 자원이 손안에 있다고 해도 흐르지 않으면 소용이 없다.

　'손안에 있는 것'은 실은 아주 불안한 상태다. 왜냐하면 자원을 저장하기만 한다면 그 다음은 줄어들 일밖에 남아 있지 않기 때문이다.

　따라서 손안에 넣어 두는 데 집착하지 말고 자신의 돈이나 정보, 노하우, 인간관계를 개방해서 자신이 가진 자원을 원하는 사람에게 아낌없이 제공해 보자.

　그렇게 하면 자신이 준 자원에 상응하는 무언가가 다시 그곳에서

부터 흘러나오게 마련이다.

다시 흘러온 것은 처음에 자신이 흘린 것보다도 훨씬 가치가 높아져서 돌아오는 경우가 대부분이다.

옛날이야기 〈볏짚 부자〉는 처음에 볏짚밖에 없었던 주인공이 원하는 것을 가진 사람과 서로 가진 것을 계속 교환하다 보니 마지막에는 커다란 집을 손에 넣게 된다는 이야기다.

이와 같이 자신이 가지고 있는 자원을 개방해 나가면, 자신의 자원을 더 늘릴 수(성장시킬 수) 있다.

단, 주의할 점이 하나 있다.

자원을 타인에게 개방할 때는 많은 사람에게 제공해야 한다.

당신의 자원을 필요로 하는 사람이 있다고 해도, 운이 좋게 꼭 그 사람과 만난다는 보장은 없다. 자신의 자원을 원하는 사람과 만날 확률을 높이기 위해서는 우선 만남의 횟수를 늘려야 한다.

'타인에게 주려는 자세 × 제공받을 사람과의 만남'

이 곱셈이 이루어질 때 비로소 자원이 흐를 수 있는 사이클이 만들어져 자신의 성장과 연결된다.

당신이 다른 사람에게 자원을 제공하고 싶다고 생각해도, 방 안에만 있으면 절대로 기회는 찾아오지 않는다.

적극적으로 밖으로 나가서 많은 사람과 만날 기회를 만들어야 비로소 당신도 현대의 〈볏짚 부자〉가 될 수 있다.

자신을 바꾸는 point

**당신의 돈, 물건, 정보, 인맥을 필요로 하는 사람을 찾기 위해서는,
적극적으로 밖으로 나가서 많은 사람들과 만나야 한다.**

세미나는 나를 성장시켜 준
최고의 도구다

　요즘은 일부러 시간을 내서 각종 세미나에 참석하지만, 처음 직장 생활을 시작했을 때만 해도 '일부러 비싼 돈을 들여가며 공부를 해봤자 골치만 아프지!' 하는 생각을 가지고 있었다. 장래에 대한 막연한 불안감 때문에 자기 투자의 필요성을 느끼긴 했지만, 세미나에 참석해 공부를 한다는 생각은 머릿속에 없었다.

　그런 내가 처음으로 경험한 세미나는, 24살 때 당시 근무하던 회사에서 사원 교육으로 실시한 연수였다. 외부에서 강사를 초빙해 약 2시간 정도 강연을 했는데, 동료들 대부분은 마침 쉬고 싶은데 잘 됐다 싶었는지 여기저기서 꾸벅꾸벅 졸기 시작했다. 나 역시 상사의 명령으로 어쩔 수 없이 참석했기 때문에, 낮잠이라도 자면서 재미없는 시간을 때울 작정이었다.

　그런데 그 전날 푹 잔 탓인지 좀처럼 잠이 오지 않았고, 강사의 이야기가 재미있어서 나도 모르게 강의에 푹 빠지고 말았다. 솔직히 말하면 학교 수업처럼 지겨울 것이라고 생각했던 세미나는, 내일부터라도 당장 활용할 수 있는 실질적이고 유익한 내용으로 가득했다. '도움이 되는 이야기를 공짜로 이렇게 들을 수 있는데, 잠만 잤으면 아까울 뻔했는걸.' 그것이 태어나 처음 참석한 세미나에 대한 솔직한 내 감상이었다.

　그 뒤로 나는 사내에서 열리는 세미나에 적극적으로 참석했다. 하지만 사내 세미나는 그다지 자주 열리지 않았다. 그래서 공공 기관에서 주최하는 세미나를 찾아갔다. 그러나 이런 종류의 세미나는 기대 이하였다. 사내 세미나에서 느꼈던, 나 자신을 성장시켜 줄 것 같은 실감이 나지 않았다.

　이유는 아마 구체적인 목적이 없었기 때문일 것이다. 당시 나는 스스로 무엇을 원하는지 몰랐던 까닭에 여러 종류의 세미나를 기웃거렸다. 특히 취득에서부터 경영자를 위한 자산 관리에 이르기까지 당시의 나 자신에게는 거의 필요 없는 세미나만 찾아다닌 것이다.

그러나 그렇게 시간을 낭비하는 동안에 재미있는 세미나를 구별하는 방법을 알아냈다.

'요금이나 일정들이 안 맞아서 참석하기 어려운 세미나일수록 알고 보면 내용이 더 알차다', '도움이 되는 세미나 정보는 다른 참석자와 공유한다'는 포인트를 알게 되면서 좋은 세미나를 골라내는 나름대로의 기준이 생겼다.

그때는 완전히 세미나 마니아였다. 당시는 오사카에 살고 있었는데, 도쿄에 재미있는 세미나가 있다는 정보가 있으면 일부러 월차를 내서라도 가곤 했다. 이처럼 내가 세미나에 매료된 이유는 거기서 얻은 지식이나 노하우가 성과로 이어졌기 때문이다. 내게 맞는 세미나를 찾기까지 시간적·금전적 손실도 있었지만, 일단 성공의 사이클에 들어서자 신기할 정도로 좋은 결과가 나왔다.

세미나에서 배운 것이 일에 직접 도움이 된 적도 있고, 비즈니스맨으로서 내 인생 자체에 영향을 준 적도 있다. 어쨌든 내가 빠른 속도로 성장한다는 것을 실감할 수 있었다. 나는 운이 좋게도 무료로 간 사내 세미나가 계기가 되었지만, 여러분 중에는 아직까지 세미나에 갈 기회가 없어 전혀 흥미를 느끼지 못하는 분들도 많을 것이다.

그전의 나처럼 해보지도 않고 싫어한다면 정말 안타까운 일이다. 이 책을 계기로 새로운 문을 활짝 열어 보라고 권하고 싶다.

PART 4 〈커뮤니케이션〉편

곱셈 발상으로
인맥을 확장하라

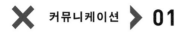

비즈니스에 도움이 되는 인맥을 확실하게 넓히는 법

■ **사람들 너머에 있는 '보이지 않는 네트워크'를 의식하며 일을 진행한다.**

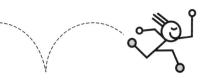

비즈니스를 하는 데 없어서는 안 될 중요한 요소 가운데 하나가 사람과 사람의 관계라는 사실은 말할 필요도 없다.

하지만 자신과 직접적으로 관계가 있는 사람은 의식해도 그 사람들 너머에 있는 네트워크를 의식해서 행동하는 사람은 적다.

친구, 지인, 사적으로 또는 공적으로 관계있는 사람들까지 전부 포함하면, '한 사람이 평균 150명에서 200명 정도의 네트워크를 가지고 있다'고 한다.

거기에 당신의 지인의 지인들까지 넓혀 가면 당신이 가지고 있는 네트워크는 150명×150명 = 2만 2,500명 혹은 200명×200명 = 4만 명이나 된다. 곱셈식 발상으로 생각하면 이렇게 엄청난 네트워크를 당신은 소유하고 있는 것이다.

실감이 안 나는 분들을 위해서 내 경험을 이야기해 보겠다.

벌써 뉴스레터를 보내기 시작한 지 3년 정도 되어 가는데, 최근에 깨달은 사실이 한 가지 있다.

감명을 받은 책을 뉴스레터에 소개했더니, 'amazon.co.jp' 사이트에서 그 책의 순위가 확 올라가는 것이다. 이런 식으로 소개한 책이 10위 안에 드는 일도 드물지 않다.

물론 한참이 지나면 소개하기 전과 비슷한 순위로 돌아온다.

그런데 재미있는 것은 지금부터다.

한참 있으면 다시 조금씩 순위가 올라간다.

아마도 웹 매거진의 독자 분들이 자신의 웹 매거진이나 블로그에 그 책을 소개해서 제2, 제3의 파급 효과가 생겨 순위가 올라간 것이 아닌가 싶다.

내가 알고 있는 것은 뉴스레터를 보낸 숫자뿐이지만, 뉴스레터를 받은 사람들은 다시 수만 명, 수십만 명의 사람들과 연결되어 있다.

그 사실을 실감한 후엔, 내 독자뿐만 아니라 그 뒤에 있는 네트워크까지 의식하며 뉴스레터를 보내게 되었다.

그 결과 사업도 크게 확장되었다. 예를 들면 독자로부터 사람을 소개받기도 하고, 그 소개를 통해 새로운 사업을 시작하기도 했다.

현대 사회처럼 복잡한 사회에서는 각 분야의 전문 지식이나 힘을 빌리지 않으면 일을 원만히 진행하기 어렵다.

당신과 직접 연결되어 있는 네트워크만을 활용해 일하지 말고, 당신이 관계하고 있는 사람과 연결되어 있는(눈에는 보이지 않는) 그 너머의 네트워크까지 의식해서 일을 하고, 또 의뢰를 해야 한다.

이와 같은 발상으로 네트워크를 확장해 나가면, 당연히 결과도 크게 달라진다.

또한 이러한 사실을 명확하게 의식하고 행동하면, 같은 일에도 탄력이 붙어 큰 성과를 내는 사람과 그렇지 않은 사람으로 나뉜다.

자신을 바꾸는 **point**

자신이 직접 아는 사람들에게 부탁해 각 분야의 프로들을 소개받는다.

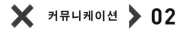

커뮤니케이션 > 02

큰 성과를 올리는 사람과 친해지는 법

■ 자신을 성장시켜 줄 사람과 만날 때는, 나중에 10배 정도 보답하겠다는 마음을 갖는다.

큰 성과를 올린 사람들과 사귀려고 의식적으로 노력하라.

성공한 사람의 자서전을 읽거나 세미나에 가는 것도 아주 중요하다. 그러나 자신을 성장시켜 주는 가장 중요한 요소는 자신보다 수준이 높은, 그것도 압도적으로 차이가 나는 사람과 교류하는 것이다.

인간은 스스로 본 것, 들은 것, 오감으로 느낀 것 외에는 상상력을 넓힐 수가 없다.

하늘을 나는 새가 없었다면 인류는 과연 하늘을 날려고 생각했을까? 현실에 하늘을 나는 생물이 존재하기 때문에 '우리도 할 수 있을지 모른다'는 가능성에 눈을 뜬 것이다.

인간의 능력도 마찬가지다.

탁월한 실적을 발휘하는 사람을 가까이에서 보면, '어쩌면 나도 저 사람처럼 할 수 있을지 모른다'는 생각이 들어, 자신을 바꾸려는 노력을 하게 된다.

단, 한 가지 유의할 점이 있다.

큰 성과를 올리는 사람은 시간 단가가 높은 사람이다. 그런 사람과 만나려고 한다면, '상대의 시간 단가에 상당하는 무언가를 제공할 길이 없을까'를 먼저 생각하고, 항상 상대의 입장에서 자신의 행동을 결정해야 한다.

자신이 제공할 수 있는 지혜, 지식, 노하우가 없다면, 시간 단가에 합당하는 금액을 낸다는 각오가 필요하다. 단지 흥미 위주로 '한 번만 만나 주세요', '성공담 좀 들려주세요'라고 말하면서 자신은 아무것도 제공하지 않는다면, 너무 이기적이다.

상대의 발을 잡아당기는 '시간 도둑'이 되어서는 안 된다.

나는 큰 성과를 올리는 분들과 만날 기회가 생기면, '내가 받은 시간의 10배의 가치를 돌려주자'는 생각을 갖고 열심히 배운다.

되고 안 되고는 차치하고라도 그런 각오를 해야 한다.

자신의 입장이 아니라 상대의 입장에 서서 생각한다면, 수준이 높은 분들과 만나도 단순한 '시간 도둑'이 아니라 자신의 성장에 큰 도움이 될 것이다.

자신을 바꾸는 point

큰 성과를 올리는 사람과 만날 때는 자신이 제공할 수 있는 최선의 것을 반드시 준비한다.

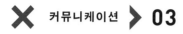

입장이 다른 사람과 사귀는 법

■ **상대가 속한 집단과 최대한 공통점을 찾아 본다.**

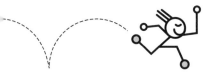 동상이몽(同床異夢)이라는 한자 성어가 있다.

두 사람이 같은 침대에 누워도 그 꿈은 다르다는 뜻이다. 마찬가지로 함께 일을 하거나 생활을 해도 생각하는 것은 다른 경우가 있다.

같은 지구상, 같은 나라에 살고 있어도 각각의 입장에 따라 보이는 세계는 천차만별이다.

예를 들어 가족이라는 이름으로 한 지붕 아래 살더라도 부모는 부모의 입장에서, 자녀는 자녀의 입장에서, 또 남편과 아내는 각기 다른 자신의 입장에서 사물을 생각한다. 가족이라고 해서 모두 같은 세계에 살고 있는 것은 아니다.

회사도 마찬가지다. 경영자와 직원은 서로 사업에 대한 생각이 다르고, 상사와 부하는 프로젝트에 임하는 마음이 다르고, 동료들끼리도 일에 대한 생각이 다른 것은 흔히 있는 일이다.

물론 상대의 입장을 상상할 수는 있다.

그러나 머릿속으로 알고 있는 것과 그 입장에서 느끼는 것은 큰 차이가 있다.

일 관계로 회사원 시절에 1,000명 이상의 경영자와 만났는데, 막상 내 회사를 경영해 보니 그때는 아무것도 몰랐다는 사실을 깨닫게 되었다.

그렇다면 동상이몽이라는 현실을 전제로, 어떻게 하면 타인과 원만한 커뮤니케이션을 취할 수 있을까? 또 구체적으로 어떤 준비가 필요할까?

그 답은 자신과 전혀 다른 세계에 속하는 사람의 사고를 접하면서, 비슷한 유형을 만드는 작업을 거듭해 나가는 것이다.

예를 들어 자신의 일과는 전혀 관계가 없는 세미나에 참가하거나 평소에는 읽지 않던 갈래의 책을 읽어 본다.

파티 등에서 시간이 허락하는 한, 자신과 다른 부류 사람들의 이야기를 들어 본다.

이런 행위를 반복하다 보면 여러 가지 입장을 가진 사람들의 다양한 사고를 접하게 되면서, '이 사람은 어떤 세계관으로 살아가고 있다'는 식으로 대략적인 유형을 만들 수 있다.

물론 특정 직업을 가진 사람이 모두 같은 생각을 하는 것도 아니고, 한두 사람의 이야기를 듣는 것만으로 유형을 만들 수는 없다.

몇백, 몇천의 사람을 만나고, 많은 세미나와 책을 접해야 비로소 각각의 장르의 사람들이 어떤 사고 유형을 가지고 있는가 하는 최대 공약수가 겨우 희미하게 보일 것이다.

희미하게나마 상대의 사고 유형을 알면 충분하다. 같은 침대에서 다른 꿈을 꾸더라도, 상대의 입장에서 생각하면 원만한 커뮤니케이션을 유지할 수 있다.

자신을 바꾸는 point

평소에는 가지 않던 세미나에 참가하고, 읽지 않던 분야의 책을 읽고, 만나지 않던 부류의 사람들과 만남을 늘려 간다.

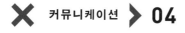

상대방에게 자신의 의도를 잘 전달하는 법

■ 자신의 생각을 순간적으로 전달하는
'한마디 메시지'를 잘하는 것이 최고의
커뮤니케이션이다.

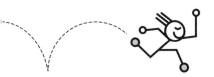

커뮤니케이션 능력을 높이고 싶다면, 다른 사람이 읽는다는 것을 전제로 한 문장을 써 보라.

자신의 순간적인 기분이나 사건 등을 스냅 사진을 찍은 것처럼 선명하게 기억할 수 있도록 쓰는 것이 핵심이다.

즉 상대방에게 자신이 말하고 싶은 것, 그때에 느낀 것, 충고나 의견 등을 분명하게 이해시킬 수 있는 문장을 얼마나 잘 쓸 수 있는가가 관건이다.

사람들이 읽을 문장을 쓸 때에는 항상 이 사실을 염두에 두어야 한다.

아무에게도 보이지 않을 일기를 쓸 때는 내 마음대로 써도 상관 없다. 자기가 나중에 그것을 보고 어떤 풍경이었는지, 그때 무엇을 느꼈는지 기억해 낸다면 그걸로 충분하다.

그러나 커뮤니케이션 능력을 높이려면 거기서 한 단계 수준을 높여야 한다.

스냅 사진을 찍는 요령으로, 자신이 생각한 것을 잘 편집해서 블로그나 뉴스레터에 적어 본다.

자신의 생각을 상대방에게 잘 전달하기 위해서는 자신의 생각을 표현할 수 있는 적절한 언어의 선택이 중요하다. 올바른 언어를 선택하는 훈련이 커뮤니케이션 능력을 향상시키는 가장 효과적인 방법이다.

자신의 생각을 언어화하는 능력이 문장을 쓰는 테크닉보다 중요하다. 다시 말해서 확실히 언어화할 수 있다면 상대방에게 생각을 전달하는 일은 그렇게 어렵지 않다.

그런데 커뮤니케이션이 서투른 사람은 언어화하지 않은 채로 쓰기 때문에 상대방이 보면 무슨 말을 하는지 전혀 알 수 없는 무의미한 문장을 만든다.

결국 '대충 전달하면 되지' 하는 생각을 갖는다는 것은, 실제로는 아무 내용도 전달하지 않는(대충도 전해지지 않는) 것과 같은 결과를 낳는다.

누군가에게 자신의 생각을 전달하는 글을 쓸 때는, '이 문장이 진짜로 말하고자 하는 핵심을 담은 것인가?', '이 주장은 흐릿하지 않은가?' 하는 질문을 자신에게 던져 보라.

자신에게 이런 질문을 던지고 고민하다 보면 커뮤니케이션 능력이 비약적으로 향상될 것이다.

자신만의 발신 수단을 갖고 있지 않은 사람은 블로그를 만들어 본다.

블로그에 글을 쓸 때는 항상 글을 읽을 대상 독자를 의식해야 한다.

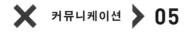 **커뮤니케이션** > **05**

이메일이나 블로그에 글을 쓸 때 주의할 점

- **상황에 맞는 커뮤니케이션 기술을 배워야 한다.**

- **인터넷 커뮤니케이션은 텍스트에 감정을 담는 것이 중요하다.**

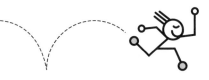

'메라비언의 법칙'에서는 말하는 사람이 듣는 사람에게 주는 영향력의 요소를 다음과 같이 분석한다.

말이 7%, 목소리 톤이 38%, 표정 · 몸짓 · 손짓이 55%이다.

결국 의사소통 방법 가운데 '말'은 상대방에게 전해지는 인상의 7%밖에 안 된다는 것이다.

인터넷을 사용하지 않을 때는 목소리의 톤이나 표정 같은 비언어적인 커뮤니케이션이 아주 중요하다.

예를 들어 복장이나 제스처, 음질, 음량 등이 이야기의 내용보다 상대방에게 더 큰 영향을 준다.

하지만 인터넷 커뮤니케이션에서는 언어가 전부다.

결국 인터넷에서는 이제까지 우리들이 사용해 온 대화 방법과는 전혀 다른 커뮤니케이션 기술이 요구된다.

인터넷상에서는 언어 사용에 신중해야 한다. 멋진 정장을 입은 신사 같은 느낌이 드는 이메일을 받을 때 기분 좋아졌던 기억이 있을 것이다. 그러나 마치 전라에 가까운 모습으로 온통 언어 폭력을 일삼으면서도 그런 자신의 모습을 깨닫지 못하는 사람도 있다.

지금까지 우리는 직접 얼굴을 맞대고 상대방과 대화를 나누어 왔기 때문에 대면의 커뮤니케이션 기술을 몸에 익혀야 했다.

그러나 모든 커뮤니케이션이 인터넷을 중심으로 움직이는 요즘에는 인터넷상의 커뮤니케이션 기술을 몸에 익히지 않으면 안 된다.

그렇다면 구체적으로 무엇을 몸에 익혀야 하는가?

매일 대량의 이메일을 받으면서 내가 특히 필요하다고 느낀 것은, '텍스트에 감정을 싣는 힘'이다.

읽는 사람의 마음을 사로잡는 문장인가? 유기적으로 전체 내용과 연결되어 있는 문장인가? 혹은 생명력이 없는 문장인가?

읽는 사람의 마음을 사로잡느냐 아니냐는 그 차이에 있다.

구체적인 방법은 각자의 성격과 기질이 다르기 때문에 모범답안을 제시하기는 어렵지만, 이와 같은 기준을 토대로 쓰다 보면 좀 더 좋은 인상을 상대방에게 전달할 수 있다.

자신을 바꾸는 point

이메일을 보내기 전에 쓴 것을 다시 한 번 읽어서 자신의 감정이나 느낌이 확실하게 들어 있는지 확인한다.

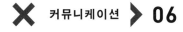

미소는 인간관계를 원활하게 하는 열쇠다

■ 항상 밝게 웃는 사람에게는 사람이 모이고,
   친구도 생긴다. 결과적으로 행복도 찾아온다.

'어떤 상황에서도 항상 미소를 잃지 않는 사람'. 누구나 한 번쯤 그럴 수만 있다면 얼마나 좋을까 하는 생각을 해보았을 것이다.

그렇지만 '항상 밝게 웃는 것'은 상당히 어렵다.

사람을 만나고, 전화 통화를 하고, 몇 줄의 이메일을 보내는 것조차 조금만 신경을 안 쓰면 자신의 마음이 그대로 드러나 상대방에게 불쾌감을 주는 경우가 있다.

살면서 항상 즐거운 시간, 행복한 시간만 있는 것은 아니다. 타인에게 말할 수 없는 고민을 안고 있을 때도 있고, 여러 가지 문제가 한꺼번에 몰려와서 마음의 여유가 없을 때도 있다. 그럴 때는 괴로운 심정을 겉으로 드러내서 조금이라도 마음의 부담을 가볍게 하고 싶은 생각이 든다.

나도 때때로 사람과 만날 때, 피곤한 얼굴을 하거나 짜증이 날 때도 있다. 그러나 그때 자신의 고민을 털어놓아서 플러스가 된 적은 한 번도 없었다.

오히려 상대방까지 불쾌하게 만들고 상황만 더 나빠질 뿐이었다.

생각해 보면 당연한 일인지도 모른다.

자신의 마음은 어디까지나 자기 입장일 뿐이니까 말이다. 상대방 입장에서 보면 내가 아무리 괴롭고 울고 싶어도 '나하고는 아무 상관도 없는 일인데 귀찮게 좀 하지 마'라고 생각하는 게 본심일 것이다.

고민이나 불안한 마음을 밖으로 드러내는 것은 상대방을 자신의 입장으로 끌어들이려고 하는 행위다.

인간관계, 특히 비즈니스와 관련된 인간관계에서는 '얼마나 상대의 입장을 생각하느냐'가 매우 중요하다.

그러므로 괴로울 때라도 상대방의 입장에서 커뮤니케이션을 하는 사람이 주위로부터 신뢰를 얻는다.

썩은 벌레를 씹은 것 같은 얼굴은 곤란하다. 또 불쾌한 인상을 주어서도 안 된다. 인간은 울고 있는 사람을 보고 돕고 싶다고 생각하지 않는다. 오히려 괴로워도 웃는 얼굴로 열심히 일하는 사람을 보면, '이 사람을 도와주고 싶다'는 생각을 하게 되는 법이다.

지금 한 번 웃어 보자.

자신을 바꾸는 point

괴로울 때는 의식적으로라도 웃는 얼굴을 하고, 목소리의 톤도 높여서 말한다.

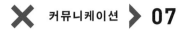 **커뮤니케이션 > 07**

찾고 있는 정보나 만나고 싶은 사람이 있을 때

■ '갖고 싶은 것'을 소리 내서 말하는 것이
다른 사람의 협력을 얻는 첫걸음이다.

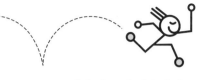

꿈을 이루기 위해서는 다른 사람의 협력이 반드시 필요하다.

그렇다면 다른 사람의 협력을 얻기 위해서는 어떻게 해야 할까?

답은 의외로 간단하다. 그것은 '우선 소리를 내서 말하라'는 것이다. 당신이 정말 얻고 싶은 것을 부끄러워하지 말고 사람들에게 이야기하는 것이 가장 좋은 방법이다.

나를 예로 들면, 뉴스레터에 '이렇게 되고 싶다', '이런 것이 갖고 싶다', '이런 정보가 필요하다', '이런 사람과 만나고 싶다', '이런 사람의 도움이 필요하다' 처럼 솔직하게 말하면 원하는 내용을 거의 100% 손에 넣을 수 있었다.

그런데 이런 생각을 가지고 있어도 혼자서 집에 멍하니 앉아 있다면 원하는 것을 손에 넣을 수 없다.

갑자기 전화가 걸려 와서, '당신이 만나고 싶어 하는 사람을 소개할게요!', '당신이 원하는 정보가 바로 이거지요?'와 같은 일은 절대 일어나지 않는다. 만약 그런 전화가 걸려 온다면 그런 전화야말로 받지 않는 편이 나은 수상한 전화일 것이다.

소개받고 싶은 사람이 있다면, '이런 사람 없을까요?' 라고 묻지 않으면 안 된다.

또 원하는 정보가 있다면, '이런 정보를 알고 있는 사람은 없을까?' 하고 주위에 알려야 한다.

그래야만 당신이 '원하는 것'을 주위에서 알게 되고, 그것을 직접 들은 사람이나 혹은 그 소문을 들은 사람이 당신의 꿈을 현실로 바꿔 주게 되는 것이다.

물론 만나는 사람이 많으면 많을수록 실현 가능성도 높아진다.

단, 매체를 가지고 있는지 아닌지, 친구가 많은지 적은지, 그런 것은 신경 쓰지 말고 일단 할 수 있는 범위 안에서 정보를 구하라.

당신이 꿈을 실현할 수 있도록 도와줄 사람은 의외로 바로 옆에 있을지도 모른다.

만약 그렇다고 해도 당신이 원하는 것을 말하지 않는다면, 그 사람도 당신을 도울 수 없다.

자신을 바꾸는 point

원하는 것, 만나고 싶은 사람, 알고 싶은 정보가 있다는 사실을 끊임없이 주변에 알린다.

새로운 비즈니스를 창출하기 위한 정보 발신술

　지금 우리는 정보화 시대에 살고 있다. 그렇다면 구체적으로 어떤 세상이 된 것일까?

　요즘은 인터넷을 통해서 세계 곳곳의 사람들과 거리에 상관없이 실시간으로 의견을 교환하고, 휴대전화나 이메일로 티켓 예약이나, 쇼핑, 방송 수신까지 간단히 할 수 있다. 이와 같이 정보의 송수신이 쉬워지면서 생활은 한층 편리해졌고, 속도도 훨씬 빨라졌다. 그러나 이것은 정보화 시대의 일면에 불과하다. 다양한 책이나 세미나, 그리고 사업적인 교류를 통해 나는 '정보화 시대는 정보가 상위 개념이 되어 높은 가치를 낳는 세계'라는 사실을 알게 되었다. 즉 비즈니스 패러다임의 전환을 의미한다. 정보화 시대는 단지 생활을 편리하게 해 주는 표면적인 변화뿐 아니라, 비즈니스의 방법까지도 근본적으로 바꿔 버린 것이다.

　예를 들어 생산과 유통의 관계를 보면, 현재 주도권은 제조업에서 유통업으로 넘어갔다. 즉 슈퍼마켓이나 편의점이 POS 시스템(판매 데이터를 집계 분석하는 시스템)에 의해서 어떤 상품이 어느 시간대에 얼마나 팔리는가 하는 상세한 정보를 갖게 되었다. 다시 말해 메이커가 주력하고 있는 상품이 있다 해도, POS 데이터의 판매 수치가 낮으면 더 이상 그 상품을 진열대에 올려 주지 않는다.

　이와 같은 주도권의 변화가 일어난 것도 정보의 가치가 비즈니스의 중심이 되었기 때문이다. 이것이 정보화 시대의 현주소이며, 결국 유익한 정보를 가진 사람이 비즈니스의 주도권을 잡을 수밖에 없는 이유다. 더군다나 돈을 버는 귀중한 정보는 아무나 처음부터 가질 수 없다는 사실은 정보의 가치를 더욱 높여 준다.

그렇다면 비즈니스에 연결되는, 가치가 높은 정보를 얻기 위해서는 어떻게 해야 할까? 내가 내린 결론은 우선 정보를 얻으려고 하지 말고, 거꾸로 뉴스레터로 내가 가진 정보를 발신하는 것이었다.

처음에는 대단하지 않은 작은 정보라도 그것을 꾸준히 보내다 보면 상대방이 유달리 관심을 보이는 정보가 있게 마련이다. 그런 정보에 또 다른 정보를 조합하거나 다시 세분화해서 심도 있게 정리해 다시 보낸다. 그렇게 하면 정보의 소용돌이가 만들어져 점점 더 깊이 있는 정보가 만들어지고, 정보량도 늘어난다.

예를 들어 뉴스레터로, '어떤 세미나에서 이런 것을 배웠다'는 정보를 발신하면, '같은 테마로 이런 세미나도 있다'는 정보를 독자들이 알려 준다. 내가 그 세미나에 참석해서 부가가치를 더해 정보를 재발신한다. 이런 식으로 반복하다 보면 언젠가 그 분야의 정보통으로 인식되어 세미나에 관한 유익한 정보가 점점 모아진다.

시간이 지나면서 결국 가치가 높은 정보를, 그것을 필요로 하는 사람에게 소개하는, 이른바 '정보의 중심부'가 된다. 비즈니스가 발생하는 것은 바로 이 순간부터다.

IT(정보기술)가 발달한 지금은 누구라도 간단하게 정보를 주고받을 수 있다. 하지만 정보를 통해 비즈니스를 만드는 것은, 부가가치가 높은 정보를 꼭 필요한 사람들에게 제공할 수 있는지 여부가 최대 관건이다.

PART 5 〈바람직한 말〉편

사람의 마음을
열어 주는
긍정적인 말의 힘

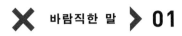
부정을 긍정으로 바꾸는 한마디

■ '고맙습니다'라는 말 한마디가 부정을
긍정으로 바꾸는 힘이다.

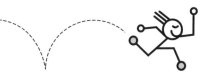

나는 일주일에 두 번, 근력을 키우기 위해서 개인 트레이닝을 받는다.

꾸준히 하다 보니 조금씩 성과가 나타나긴 하지만, 막상 트레이닝을 할 때는, '좀 쉬어 가면서 할까', '더 이상은 죽어도 못 하겠다'는 생각이 들어 도망가고 싶을 때가 한두 번이 아니다.

하지만 아무리 괴로워도 미래에 '몸짱이 된 자신의 모습'을 상상하며, '지금의 고통을 견뎌서 멋진 복근을 만들자'고 마음속으로 중얼거리며 스스로를 북돋운다.

그러면 이상하게도 괴로움이 즐거움으로, 기쁨으로 바뀐다.

비즈니스 현장에서도 마찬가지다.

자신의 능력을 뛰어넘는 업무를 맡아서 하다 보면, 지금까지 전혀 경험하지 못했던 힘겨운 상황을 만난다.

그때 괴롭다고 도망가지 말고 '미래에 비즈니스맨으로서 크게 활약하고 있는 자신의 모습'을 상상하며, '이 괴로움이 나를 최고의 비즈니스맨으로 성장시켜줄 거야'라고 자신에게 주문을 걸면 괴로움이 즐거움으로, 불안은 기대로 변하는 마법 같은 경험을 하게 될 것이다.

그리고 바로 그때 해야 할 말이 '고맙다'는 말이다. '고맙다'는 말은 정말로 고마운 말이다. 어떤 상황에서건 무조건 '고맙습니다, 고맙습니다'라고 계속 말하다 보면 정말로 고마운 일이 생긴다.

반대로 '괴롭다', '죽겠다', '기분 나쁘다', '신경질 난다'와 같은 말을 10번, 100번 반복하다 보면 어느새 마음속 깊은 곳까지 '괴롭다', '죽겠다', '기분 나쁘다', '신경질 난다'와 같은 감정에 지배될 것이다.

정말 신기한 현상이다.

트레이닝도 비즈니스도, 더 나아가서 인생도 마찬가지다.

부정적인 방향으로 눈을 돌리는 것도, 긍정적인 방향으로 눈을 돌리는 것도 다 마음먹기에 달렸다.

이제부터는 속는 셈치고 꼭 '고맙습니다'라고 말하는 습관을 들여 보라. 이것은 아주 중요한 이미지 트레이닝 가운데 하나다.

의식적으로 계속하다 보면, 매일매일 즐겁고 긍정적인 마음으로 살아갈 수 있다.

자신을 바꾸는 point

괴로울 때나 힘들 때는 의식적으로 '고맙습니다' 하고 마음속으로 중얼거려 본다.

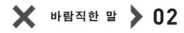

창업을 하고 싶지만 자금이 없을 때

■ '돈이 없다' 는 말은 사고의 악순환을 부르는
위험한 말이다. 어떤 경우에도 절대 그 말을
해서는 안 된다.

"어떻게 하면 창업할 수 있을까요?"

이런 사업 상담을 받을 때가 있다. 이때 자주 듣는 말이 "사실은 돈이 없다"는 말이다.

"자본금이 없다."

"상품을 만들거나 구입할 돈이 없다."

"사무실을 빌릴 돈이 없다."

"돈이 없어서 사업을 시작하기가 두렵다."

아무리 내가 "그러면 이렇게 해보면 어떨까요?" 제안을 해도, "돈이 없어요"라고 하면 할 말이 없다.

이런 사람들의 공통점, '돈이 없다'는 사실에만 포커스를 맞춘다는 것이다.

그것은 돈이 없다는 현실에 대한 인식을 더욱 강화시키는 역할밖에 하지 않는다. 결국 '돈이 없다'고 하는 생각을 자신에게 더 강하게 주입시켜서 스스로 사고의 악순환을 반복한다.

하지만 지금부터 무슨 일이 있어도 "돈이 없다"는 말은 절대 입 밖에 내지 말아야 한다.

이 말이 입버릇이 되는 사람은 언제까지고 창업할 돈이 생기지 않는다.

10만 엔, 100만 엔 단위의 자금을 만들지 못한다면 1,000만 엔, 1억 엔 단위의 사업체를 운영할 수 없다.

지금 돈이 없다면, "어떻게 하면 필요한 돈을 마련할 수 있을까"에 자신의 모든 생각을 집중해야 한다.

'돈이 없다'는 생각에 사로잡혀 포기할 것이 아니라, '주말에라도 일을 해서 창업 자금을 만들 수 없을까?', '금융기관으로부터 융자를 받으려면 어떻게 하면 좋을까?', '내게 투자해 줄 사람을 찾을 수는 없을까?' 등등 여러 가지 질문을 자신에게 던져 본다.

만약 이제부터라도 "돈이 없다"는 말이 입에서 나오려고 할 때는 우선 그 말을 꿀꺽 삼키고 "어떻게 하면 돈을 만들 수 있을까"로 말을 바꿔서 해보자. 말 한마디를 바꾸는 것만으로 당신의 창업 계획은 크게 달라질 것이다.

자신을 바꾸는 point

"돈이 없다"는 말이 나오려고 하면 즉시 그 말을 삼키고, "어떻게 하면 돈을 만들 수 있을까"로 바꾸어 말한다.

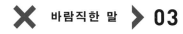

목표 달성을 앞당겨 주는 격려의 한마디

■ 부정문을 사용한 목표 설정은 오히려
역효과를 낳는다.

■ '～해서는 안 된다'는 표현보다 '～하자'는
말을 사용하자.

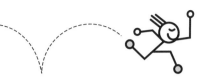

일본을 대표하는 제철 회사에 근무하는 친구가 있다. 이 친구가 재미있는 이야기를 해 주었다. 공장 안에서 아는 사람이나 상사, 부하와 만날 때 이 회사에서 사용하는 말은 '안전!'이라고 한다.

이 말을 듣고 생각난 것이 있다.

그것은 자신이나 상대방에게 얻고 싶은 결과를 표현할 때, '원하지 않는 결과의 부정문' 같은 형태로 긍정문을 만들면 역효과가 난다고 하는 뇌 구조에 관한 이야기다.

무슨 말인지 헷갈릴 테니까 구체적으로 설명해 보자.

무사하게 작업을 하길 원할 때(얻고 싶은 결과), "사고를 일으키지 않도록 주의하라"고 할 때가 있다.

이 말을 구체적으로 분석하면, '사고(원하지 않는 결과)를 일으키지 마라(그 부정), 즉 주의하라(긍정문)'와 같은 의미인데, 그 말을 들은 상대는 인간의 뇌 구조상 '사고를 일으키는 이미지를 떠올린 다음 그것을 부정하는' 과정을 거쳐 말을 이해한다.

결국 사고의 초점이 전반부의 부정문 쪽에 맞춰져, 자신의 행동도 부정적인 쪽으로 기울어지기 쉽다.

이 원리에 따르면 '사고가 없도록', '미끄럼 주의', '사고 다발 지역', '곁눈질 운전 주의' 같은 표어나 표시도 위험하다.

'미끄럼 주의'라고 쓰인 표시판을 보면 미끄러지는 상황을 상상하게 되고, '곁눈질 운전 주의' 표시를 보면 자신도 모르게 곁눈질을 하고 싶어진다.

인간의 뇌는 그렇게 되어 있다.

따라서 직원들에게 주의하라고 말을 할 때는, 오히려 '안전!'이라는 말로 안전하게 일을 하는 이미지를 무의식적으로 심어 줄 필요가 있다.

친구가 일하는 회사가 그것을 의식해서 '안전!'이라는 말을 사용하는지 어떤지는 모르지만, 우리 뇌의 구조를 잘 반영한 좋은 말이라고 생각한다.

이 이론은 물론 자기 자신에게도 적용할 수 있다.

목표 설정을 할 때 '정리해고를 당하지 않도록 노력하자', '프레젠테이션을 할 때 긴장하지 말자'는 말을 하면, 오히려 정리해고나 프레젠테이션을 할 때 실수를 하게 될 확률이 높아진다.

'사내에서 상위 10%에 들자', '거침없는 진행으로 계약을 따내자'처럼 긍정적으로 말하는 편이 훨씬 더 좋은 결과를 가져온다.

지금 당신의 목표를 다시 한 번 확인하고, 부정적 이미지를 떠올리는 말을 긍정적인 이미지의 말로 바꾼다.

난관을 극복하는 믿음의 한마디

■ '할 수 있을까 없을까' 하는 의문을 갖지 말라.

■ '할 수 있다'고 말하면, 뇌의 움직임이
　비약적으로 좋아진다.

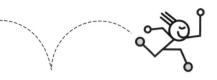

업무상 혹은 일상생활에서 새로운 일에 도전하다 보면 여러 가지 문제에 부딪힐 때가 있다.

그때 어떤 말을 하느냐에 따라 그 벽을 넘을 수 있느냐 없느냐가 정해진다.

눈앞에 큰 벽이 가로막고 있을 때, "괜찮을까?", "잘 넘어갈 수 있을까?"와 같은 부정적인 말을 하면 문제를 해결하기가 어렵다.

어려운 문제를 해결할 때, "할 수 있을까 없을까"를 묻는 것은 불필요하다.

우선 '할 수 있다'고 생각하고, '어떤 방법을 쓰면 좋을까?'와 같은 질문을 던진 후, 긍정적인 방법을 모색하는 것에서 출발하면 된다.

인간의 뇌는 자신이 확신하는 것을 실현하는 방향으로 움직이는 특징이 있다.

뇌 연구의 일인자인 고(故) 마츠모토(松本)는 그의 저서 『사랑은 뇌를 활성화한다』에서 이렇게 말한다.

"뇌는 '할 수 있다'고 확신하면, 그 '확신'을 담당하는 논리적인 후원에 해당하는 인지정보 시스템을 풀가동시킨다."

가능성이 있든 없든 그것은 중요하지 않다. 다만 자신이 '반드시 할 수 있다'고 확신하면 뇌는 그것을 위해서 온 힘을 쏟는다.

그런데 '괜찮을까?', '넘어갈 수 있을까?' 하고 반문하면, '안 될지도 몰라'라는 전제가 뇌에 각인되어, 뇌도 거기에 맞는 답밖에 내지 못한다.

'어떤 방법이면 가능할까?' (긍정적인 힘이 작용한다)
'괜찮을까?', '넘어갈 수 있을까?' (부정적인 힘이 작용한다)
앞과 뒤의 문장을 비교해 보면, 그 차이는 확연하다.

다른 사람이 비웃어도 좋다. 어려운 문제를 만났을 때는 문제를 해결할 수 있다는 것을 전제로, '어떤 방법이라면 가능할까?' 하는 말을 중얼거려 본다.

그것만으로도 눈앞의 벽이 훨씬 낮아질 것이다.

자신을 바꾸는 point

해결하지 못한 문제나 포기한 과제가 있으면 다시 한 번 '어떤 방법으로 해결할 수 있을까?' 하고 자신에게 물어본다.

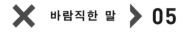

바람직한 말 > 05

다른 사람을 모방하는 것이 망설여질 때

■ '모방은 창조의 어머니'라는 말이 있다.
좋은 것은 적극적으로 받아들인다.

가끔 뉴스레터 독자들로부터, "오늘 기사, 전에 어디선가 본 적이 있는 이야긴데요" 하는 지적을 받을 때가 있다.

이런 지적은 당연하다. 실제로 재미있는 이야기가 있으면 의도적으로 빌려서 뉴스레터에 소개하고 있기 때문이다.

다른 사람을 모방한다고 하면 머리를 흔들며 부정하는 사람도 있지만, 오히려 좋은 것은 적극적으로 '활용해야' 한다.

속옷 회사인 트림프 인터내셔널 재팬에서는 '파워 타임'이라는 이름으로 12시 반에서 14시 반까지 약 2시간은 전화를 걸거나, 이야기를 하거나, 일어나 걷는 것을 모두 금하고 일에 집중하는 환경을 만든다고 한다.

원래 이 아이디어는 시세이도가 고안한 것이다. 하지만 이 방법을 이용해서 자사의 실적을 높일 수 있다면, '다른 사람 것이니까' 하고 주저할 필요가 없다.

참고로, 트림프에서는 좋은 것을 따라 하는 것을 'TTP'라 부르며 적극적으로 사원에게 권장한다고 한다. 이 말은 '철저하게 모방한다(일본어 발음에서 따와 TTP라고 함)'는 머리글자를 따서 만든 것이다. 이 말을 처음으로 만든 것은 이온이라는 회사인데, 이 회사 역시 TTP의 정신을 철저하게 활용하고 있다.

나도 이 TTP를 내 일이나 뉴스레터에 자주 활용하고 있다.

뉴스레터의 소재뿐 아니라 문장을 쓰는 법, 업무적인 면, 비즈니스의 발상법, 일상의 갖가지 일에 이르기까지 생각이 날 때마다 "그래, TTP를 하는 거야"라고 말하고는 즉각 비즈니스나 행동에 활용한다.

좋은 것을 따라 할 때 가장 큰 장점은, 생각하는 데 드는 시간이나 노력을 크게 줄일 수 있다는 것이다.

운 좋게 괜찮은 아이디어를 발견해도, '다른 사람 것을 모방하면 안 된다'는 생각이나 자존심 때문에 주저하는 사람도 있을 것이다.

그럴 때는 "TTP 하자"는 말로 바꿔서 말해 보자. 말을 바꿈으로써 모방하는 행위가 오히려 자신을 성장시키는 긍정적인 요소로 바뀌고, 좋은 것은 적극적으로 받아들이는 자세를 만들어 줄 것이다.

자신을 바꾸는 point

주목할 만한 성과를 올리는 사람의 행동이나 사고, 습관 등을 철저하게 따라 해 본다.

불운을 행운으로 바꾸는 마법의 한마디

■ 울고 싶을 정도로 괴로운 경험도
   '내 인생의 자원이 된다'고 생각하면,
   성장의 밑거름이 된다.

일이 잘 안 풀리거나 불운이 겹쳐서 삶이 고달플 때는, '이것도 내 인생의 자원이 된다'고 중얼거려 보는 것은 어떨까.

내 인생에서 가장 컸던 '불운'은 근무하던 회사가 갑자기 파산을 한 것이다. 그것도 거래처에서 돌아오던 길에 우연히 보게 된 지하철역의 신문 가판대에서 알게 되었다. 너무나 충격을 받아서, 한동안 망연자실했다.

그런데 이미 일어난 일을 바꾸는 것은 불가능하지만, 그 일에 대한 의미를 바꾸는 것은 가능하다.
'이것도 내 인생의 밑거름이 된다'는 마법의 주문으로 그 의미를 간단하게 바꿀 수 있다.

실제로 도산에 관한 이야기는 몇 번이나 뉴스레터의 소재로 써오고 있다. 망하는 회사의 특징, 도산했을 때의 처신, 실직 기간의 시간 관리법 등등.
소재가 없어서 곤란할 때도 회사가 도산했을 때의 경험을 떠올리면 계속해서 쓸 것이 넘친다. 이 도산 소재는 없어서는 안 될 재료로, 각도를 바꿔 가면서 쓰면 죽을 때까지 무한대로 사용할 수 있는 내 인생의 재산이다.

'그렇게 간단하지만은 않다'고 생각하는 분도 있을지 모른다.

그러나 인생에는 좋은 날도 있고 궂은 날도 있는 법이다. 순풍에 돛단 듯이 가는 날도 있지만, 역풍이 불어와서 전혀 앞으로 나가지 못하는 날도 있다.

그렇기에 인생이 빛날 수 있는 것이다.

생각해 보라. 주인공이 성장해 가는 이야기에서도 십중팔구 '꿈 → 도전 → 고난·고생·좌절 → 재도전 → 달성 → 환희의 눈물'이 라는 과정을 거친다.

이 가운데서 중요한 것이 '고난·고생·좌절'에 관한 부분이다. 만약 그것이 없고, '꿈 → 도전 → 달성 → 환희의 눈물'만 있는 이 야기라면 감동이 훨씬 덜할 것이다.

우리가 경험하는 '고난·고생·좌절'도 자신의 인생을 드라마 틱하게 만들기 위해서는 빼놓을 수 없는 요소다.

현재의 고난과 역경도 언젠가는 반드시 웃으면서 이야기할 날이 올 것이다.

그때를 기다리는 마음으로, "이것도 내 인생의 밑거름이 된다"

는 주문을 외워 보라.

자신을 바꾸는 **point**

**힘든 일이 생기면 나중에 웃으면서 이야기할 수 있도록, 지금 무엇을
해야 할까를 생각한다.**

바람직한 말 **> 07**

경쟁을 즐겁게 받아들이는 한마디

■ 경쟁은 사람을 성장시킨다.

■ 이기지 않으면 억울하다.

■ 억울하니까 노력한다.

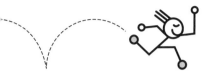

원하든 원하지 않든 우리는 치열한 경쟁 사회에서 살고 있다.

이런 경쟁 시대에 '경쟁이 두렵다. 할 수만 있다면 아무와도 경쟁하고 싶지 않다'고 생각하는 사람도 많을 것이다.

그러나 정말로 경쟁은 그렇게 싫기만 한 일일까?

어린 시절을 떠올려 보라.

반에서 1등을 했을 때, 달리기에서 1등으로 들어왔을 때, 친구들 중에서 가장 많은 구슬이나 딱지를 모았을 때처럼, 경쟁 상대를 이겼을 때는 누구라도 짜릿한 쾌감을 맛보았을 것이다.

원래 경쟁은 두려운 것이 아니라, 두근두근 즐거운 것이다.

그런데 평등이라는 말로 이런 경쟁의 즐거움을 부정하는 사람도 있다.

달리기 경주에서 열심히 달리고 나서 마지막에 테이프를 끊을 때는 늦게 온 사람을 기다려서 전원이 동시에 결승선에 들어온다. 믿기 어렵겠지만 이렇게 하는 학교가 있다고 한다.

그런데 이것은 평등이 아니라 악평등에 지나지 않는다.

경쟁은 즐겁기만 한 것이 아니라 사람을 성장시키는 중요한 요소다. 이기지 않으면 억울하고, 억울하기 때문에 더 노력한다.

하지만 이기는 자 위에는 한 수 위의 누군가가 있어서 다시 억울함을 맛보게 되고, 결과적으로 더 열심히 하자고 다짐하게 된다. 우리는 항상 이런 과정을 거치면서 성장해 왔다.

이것을 부정하는 것은, '노력할 필요가 없다'고 성장 사이클을 멈추는 것과 같다.

세상에는 이런 사람도 있고 저런 사람도 있지만, 적어도 자신의 성장을 바란다면 경쟁을 두려워해서는 안 된다.

'경쟁 사회가 무섭다'는 말이 몸에 밴 사람은 지금 바로 생각을 바꿔, '경쟁은 즐겁다', '경쟁은 성장이다', '경쟁은 인생을 풍부하게 한다'는 말을 반복해 보라.

이 말이 입에 붙으면, 당신을 둘러싼 힘든 환경도 자신을 성장시켜 줄 훌륭한 재료로 보일 것이다.

자신을 바꾸는 point

자신보다 나은 성과를 올리는 라이벌을 정한 후, 그의 성과를 넘어서는 것을 목표로 잡고 꾸준히 노력한다.

내 인생을 바꾼 한 권의 책

나는 매일 한 권에서 세 권 정도의 책을 읽고 있다. 책의 종류나 수준은 매우 다양하다.

내 사업과 관련이 있는 전문적인 경영서부터 미지의 문을 열어 줄 다른 분야의 만화에 이르기까지 그때그때 내 안테나에 걸린 것을 무조건 읽는다.

책을 읽는 것은 수학 공식을 외우는 것과 같다. 예를 들어 삼각형의 면적을 낼 때, 우리는 당연하게 '밑변×높이÷2'라는 공식을 사용한다. 만약 이 공식을 모른다면 우선 스스로 공식을 만들어 내는 것부터 시작하지 않으면 안 된다. 단순히 삼각형의 면적을 내기 위해서 엄청나게 많은 시간과 노력을 허비해야 하는 것이다.

인생의 성공 철학이나 성공 법칙도 마찬가지다. 처음부터 스스로 머리를 쥐어짜지 않아도 기초적인 부분은 이미 위대한 선인들이 공식을 만들어 놓았다. 그것을 배워서 응용하면 선인들이 공식을 내는 데 걸린 시간과 노력을 허비하지 않아도 된다. 이처럼 고마운 일이 어디 있는가.

성공 법칙을 배울 수 있는 방법은 다양하지만, 시간과 장소를 가리지 않고 누구라도 쉽게 배울수 있는 방법으로는 역시 독서가 최고다. 책은 확실히 인생을 유익하게 해 주는 통로다.

그중에서도 나를 확실하게 10년 이상 성장시켜 준 책은 『Wow 프로젝트 1 – 내 이름은 브랜드다』이다. 이 책은 세계적으로 크게 활약하고 있는 경영 컨설턴트인 톰 피터스(Tom Peters)가 쓴 3부작 가운데 하나로, 회사에 의지하지 않는 방법과 자기계발에 대해 큰 깨달음을 주었다.

조직에 의지하지 않고 개인 브랜드를 만들라는 톰 피터스의 주장은 당시의 내게는 충격이었다.

이 책을 읽은 것은 오사카에서 샐러리맨 생활을 하고 있을 때였다. 회사 이름을 내걸지 않고는 비즈니스를 할 수 없어, '나는 도대체 어떻게 된 사람일까? 이대로 괜찮은 걸까?' 하는 막막한 느낌을 가지고 있던 나에게 완전히 딱 맞는 책이었다.

이 책을 만난 이후로 일에 대한 생각이 180도 변했다. 주어진 일만 하는 것이 아니라 스스로 일을 찾아서 하게 되었고, 일하는 것에 기쁨을 느끼게 되었다. 같은 일이라도 임하는 자세가 완전히 달라졌다.

만약 그때 내가 이 책을 만나지 못했다면, 지금까지도 같은 고민을 안고 답답한 마음으로 일을 하고 있었을 것이다. 그런 의미에서 이 책은 내 인생을 바꿔 준 한 권의 책이다.

그 외에도 내 인생에 큰 영향을 준 책은 『프리 에이전트 시대가 오고 있다』(다니엘 핑크 저)와 《프로페셔널의 조건》(피터 드러커 저)이다.

이 두 권의 책은 톰 피터스의 책에서 깨달은 사실을 다른 각도에서 재확인시켜 주었고, 인생 경영의 깊이를 가르쳐 줌으로써 비즈니스맨으로서 삶에 큰 영향을 주었다.

사람에 따라 가치관이 다르므로 이 책들이 반드시 여러분에게 도움이 된다고는 말할 수 없다. 하지만 어찌 됐든 간에 책을 읽는 습관은 중요하다. 여러 선인들의 생각을 접하고, 꼭 자신의 인생을 한 차원 끌어올려 보길 바란다.

PART 6 〈인풋 input & 아웃풋 output〉편

두 배 빨리
성장할 수 있는
자기 투자의 법칙

미래에 대한 불안을 없애 주는 자기 투자

■ 배움이라는 자산은 쉽게 없어지지 않는다.

■ 끊임없는 자기 투자로 '돈 버는 능력'을 기르자.

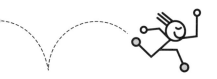

국제 정치 저널리스트 히다카 요시키(日高
義樹)의 강연회에서 마음에 깊이 남은 한마디가 있다.

'교육이야말로 첫째 자산이다.'

나도 이 말에 절대적으로 동감한다.

여러분은 어떤 자산을 가지고 있는가?

최근의 투자 붐으로, 주식이나 채권, 달러, 귀금속 등의 자산을
가지고 있는 분도 많을 것이다. 하지만 그런 자산은 시세에 따라 올
라갈 수도, 내려갈 수도 있다.

또 때에 따라서는 한 번에 잃을 위험성도 높다.

그러나 교육을 통해 얻은 지식이나 기술은 한번 확실
히 몸에 익혀 두면 그렇게 간단하게 없어지지 않는다.

교육 자산은 금융 자산보다 훨씬 안전한 자산이다.

요즘에는 자신의 장래에 대해서 불안해하는 사람이 많다.

만일 5,000만 엔 로또에 당첨이 된다면 그 불안감이 해소될까?
일시적으로 불안감으로부터 도망갈 수는 있어도 영원히 벗어날 수
는 없다.

돈은 써 버리면 금방 없어지고, 잘 관리한다고 해도 꼭 불어난다고는 할 수 없다. 그 사실을 직감적으로 알고 있기 때문에 아무리 돈이 많아도 불안감을 완전히 떨쳐버릴 수 없는 것이다.

장래에 대한 불안감을 줄이기 위해서는, 쉽게 없어지지 않는 자산인 교육에 투자해서 '돈 버는 힘'을 길러야 한다.

돈 버는 힘만 있다면 극단적으로 말해 아무것도 없어도 된다. '나는 언제든지 벌 수 있다'는 자신이 있으면 금전적인 불안은 해소된다. 적어도 작은 돈을 모아서 그것이 없어지지 않을까 전전긍긍하는 것보다는 훨씬 마음의 평안을 얻을 수 있다.

단, 교육이라는 자산에도 약점이 있다.

〈닛케이(日經) 비즈니스〉지가 선정하는 인기 변호사 랭킹 상위에 해마다 오르고, 나도 큰 도움을 받고 있는 다카이 노부오(高井伸夫) 변호사는 피터 드러커(Perter Drucker)의 말을 인용해서 이렇게 말한다.

"드러커는 '교육을 받은 인간은 계속 공부하지 않으면 안 된다는 것을 자각하고 있는 사람'이라고 했다. 예전에는 어느 대학을 졸업했는지, 어디에서 유학을 했는지가 교육을 받은 인간의 지표였지만,

현대 사회에서 정보는 바로 진부해지고 만다. 지금은 끊임없이 공부하는 사람이 아니면 교육을 받은 인간이라고 할 수 없다."

정말로 맞는 말이다. 쌓아 올린 지식이나 노하우가 어느 날 갑자기 줄어드는 일은 없겠지만, 시대의 요구에 맞지 않아서 상대적으로 그 효용성이 줄어들 가능성은 충분하다.

그렇게 되지 않도록 꾸준히 배우는 것이 중요하다.

자신을 바꾸는 point

수입의 최소 20%를 자신의 교육, 자기 계발에 사용한다.

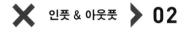

독서 효과를 10배로 올리는 법

■ 스위치 타자가 타석을 바꾸는 것처럼,
독서법도 책의 종류나 상황에 따라
달라야 한다.

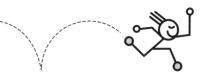

독서법에는 '속독'과 '정독' 두 가지가
있다.

'속독파'들은 빠른 속도로 페이지를 넘기고 순간적으로 그 뜻을
뇌에 입력함으로써 효율적으로 정보 수집을 한다.

반면, 속독은 필요 없다는 '정독파'들도 있다. 책은 천천히 음미
하고 씹어 가면서 읽어야 한다는 게 그런 분들의 주장이다.

그렇다면 당신은 어느 쪽인가?

두 가지 의견이 서로 갈려 논쟁하는 경우도 있지만, 사실은 속독
과 정독, 둘 다 필요하다고 생각한다.

바쁜 현대인에게 속독술은 꼭 익혀 두면 좋은 기술이다. 정보량
은 해마다 늘어나고 있지만, 그렇다고 정보와 지식을 습득하는 데
쓰는 시간도 늘어나는 것은 아니기 때문이다.

따라서 짧은 시간에 효율적으로 지식을 입력하는 속독술은 정보 시
대를 사는 우리에게 필수 불가결한 기술이다.

그렇다고 모든 책을 속독해야 하는 것은 아니다. 나도 정말 훌륭
한 명서를 접했을 때는 한 권의 책을 몇 시간이나 공들여 가면서 음

미하며 읽는 경우가 있다. 한 문장씩 멈춰서 천천히 되새기고, 문장을 출발점으로 한 광대한 사색의 바다를 자유롭게 떠다닌다.

그런 일이 가능한 것은 정독을 하기 때문이다.

내 비즈니스 인생에 큰 영향을 준 『잘 되는 사람의 법칙』의 저자 팀 샌더스(Tim Sanders)는, "책을 30분 이상 계속 읽었다면 책을 덮고 눈을 감아라. 몇 분 동안 마음 가는 대로 생각을 떠올려 본다. 그리고 떠오르는 아이디어가 서로 연결되도록 그대로 놔두자"고 말한다.

깊이 있는 사고가 필요한 책은 속독하는 것보다 오히려 정독하는 편이 좋다. 중요한 것은 그때그때 상황에 따라 스위치 타자처럼 오른쪽과 왼쪽 중 어느 쪽 타석에 들어갈 것인가를 선택하는 능력이다.

'속도 중심의 시대에 정독을 하다니 말도 안 돼.'

'정독만이 문장의 참 맛을 볼 수 있어. 속독은 잘못된 거야.'

이처럼 어느 한쪽에만 치중하는 것은 바람직하지 않다. 스위치 타자가 오른손 투수라면 왼쪽 타석에, 왼손 투수라면 오른쪽 타석에 서는 것처럼 독서도 상황에 맞게 속독과 정독을 적절하게 활용하는 것이 좋다.

책의 종류, 상황에 따라 자유자재로 읽는 법을 바꾼다.

그것이 가능하게 될 때, 당신이 인풋할 수 있는 정보의 질과 양도 함께 올라갈 것이다.

속독파는 정독의 습관을, 정독파는 속독의 테크닉을 익힌다.

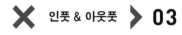

인풋 & 아웃풋 > **03**

속독법으로 독서 효율을 높이는 법

■ 읽어야 할 페이지는 전체의 20%뿐이다.
나머지 페이지를 읽는 것은 시간 낭비다.

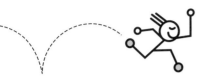

속독은 생각만큼 어렵지 않다.

'이상한 선입관'과 '가격 의식', 이 두 가지를 버리면 의외로 간단히 익힐 수가 있다.

이상한 선입관이란, '책은 처음부터 마지막까지 천천히 숙독하지 않으면 안 되는 것'으로 여기는 독서관이다.

물론 천천히 시간을 들여서 음미하고 싶은 양서는 정독을 해야겠지만, 이 독서관은 매일 엄청난 양으로 쏟아지는 정보를 훑어볼 때는 필요가 없다는 뜻이다.

실은 한 권의 책에 담겨 있는 중요한 내용 가운데 80%는 전체의 20% 페이지 안에 담겨 있다. 따라서 속독할 때는 그 중요한 20%를 찾아가며 읽어 나가야 한다.

다시 말해 20%의 핵심 내용을 파악하면 나머지는 부가적인 정보에 불과하다는 사실이다.

만약 책의 앞부분에 20%의 핵심 내용이 모두 들어 있다면 거기서 책을 덮어도 좋다.

다음으로 가격 의식이란, '1,500엔이나 주고 책을 샀으니까 전부 읽지 않으면 돈이 아깝다' 고 생각하는 마음가짐이다.

필요한 것은 한 권에 들어 있는 전체 20%의 페이지뿐인데도, 아깝다고 해서 잔가지 부분을 다 읽는다면, 원래는 10분에 읽을 수 있는 책에 2시간, 3시간씩이나 불필요한 시간을 쓰는 셈이다.

차라리 그 시간을 다른 일에 쓰면, 당신은 1,500엔이라는 책 한 권의 가치보다 더 가치 있는 일을 할 수 있다.

책의 가격 때문에 모든 페이지를 다 읽는다면, 실제로 더 중요한 '자신의 시간' 을 물처럼 흘려버리는 게 되는 것이다.

그렇다면 어떻게 하면 '이상한 선입관' 과 '가격 의식' 을 버릴 수 있을까?

읽고 싶은 책, 읽어야 할 필요가 있는 책을 10권, 20권씩 항상 주변에 두는 것이다.

그리고 그 책들을 시간을 정해 놓고 정해진 시간 안에 단숨에 읽는 방법이 효과가 있다.

처음에는 잘 안 될지 모르지만, 습관이 되면 신기할 정도로 중요한 사항만을 2시간 안에 추려 낼 수 있다.

물론 읽는 테크닉도 중요하지만, 속독술을 마스터하기 위해서는 양을 넘어서 질적으로 필요한 내용만을 선별하는 훈련을 하는 것이 무엇보다 중요하다.

자신을 바꾸는 point

읽고 싶은 책을 10권 정한 뒤 서점에서 구입하거나 도서관에서 빌려서, 시간 제한을 두고 한 번에 읽는 연습을 한다.

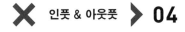 **인풋 & 아웃풋** **> 04**

인생을 변화시키는 독서 습관

■ 독서가 부족하면 사고의 골다공증에 걸린다.

■ 하루 30분, 독서하는 습관을 들여 사고의
척추를 단련하자.

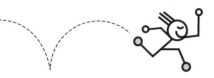

예전에 어떤 책에서, '먹는 것은 잊어도 된다. 그러나 읽는 일을 잊어서는 안 된다'고 한 말을 본 적이 있다.

나 자신을 돌아보면 이 말은 정말 명언이다. 매일 먹는 음식이 피가 되고 살이 되어 단단한 뼈를 만들어 주는 것처럼, 매일 독서를 하는 일은 사고의 척추를 만들어 주는 중요한 요소이기 때문이다.

어떤 결단이나 선택의 문제에 부딪혔을 때, 결정을 하기 위해서는 사고의 척추가 필요하다.

그 척추를 형성하는 것은 자신의 경험일 수도 있고, 다른 사람과 만나서 얻은 지식일 수도 있고, 세미나에서 배운 내용일 수도 있다.

그러나 때와 장소를 가리지 않고, 그것도 짧은 시간, 적은 비용으로 사고의 척추를 단단하게 하려면 효율성 면에서 독서보다 나은 것은 없다.

사람에 따라서는 평소에 책을 잘 읽지 않아서, 어쩌면 이 책이 몇 개월 만에 보는 책이라고 하는 분도 계실지 모른다.

그러나 어떤 독서 습관을 갖고 있든 간에, 앞으로는 반드시 매일

30분이나 1시간씩 시간을 내서 책을 읽는 습관을 들이자.

항간에서는 일을 쉽게 습득할 수 있는 다양한 노하우와 습관을 권장하고 있다. 그것도 물론 중요하지만, 다른 것은 차치하고라도 독서하는 습관 하나만은 확실히 몸에 익혀 두자.

단지 책을 읽는 습관만으로도 당신의 1년 뒤, 3년 뒤, 5년 뒤, 10년 뒤의 인생이 크게 달라질 것이다.

예를 들어 하루 30분씩 독서하는 습관을 몸에 익히면, 1주일이면 3시간 반 책을 읽는다는 계산이 나온다. 한 달이면 14시간, 1년이면 168시간의 독서 시간이 생기는 것이다.

이렇게 1년, 3년, 5년, 10년 계속 책을 읽은 사람과 그렇지 않은 사람 사이에는 사고의 척추 두께 면에서 압도적인 차이가 생긴다.

예전과 달리 지금은 책도 손쉽게 인터넷을 통해 살 수 있는 시대가 되었다. 근처에 서점이 없다든지, 서점에서 원하는 책을 좀처럼 구하기 어렵다든지 하는 고민이 있는 분들도 인터넷 쇼핑을 통해 간단하게 손에 넣을 수 있다.

책을 읽지 못할 이유, 읽지 않을 이유는 어디에도 없다.

오늘부터라도 매일 30분씩 독서를 시작해 보라.

그것이 쌓이면 작은 벽에 부딪힌 정도로는 꿈쩍도 하지 않을 튼

튼한 사고의 척추가 형성될 것이다. 반대로 이를 게을리 한 사람은
뼈에 구멍이 숭숭 뚫릴 가능성이 크다.

　사고의 척추가 골다공증에 걸리지 않도록 항상 두뇌 예방의학에
힘쓰기 바란다.

자신을 바꾸는 point

출 · 퇴근 시간 등의 자투리 시간이나, 취침 전 30분을 이용해서 매일
조금씩이라도 책을 읽는 습관을 들인다.

세미나의 투자 효과를 두 배 높이는 법

■ 배운 내용 가운데 한 가지를 실천하고
한 사람의 인맥을 넓히면, 세미나의 투자
효과가 두 배 높아진다.

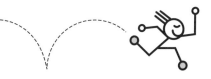

세미나에 참석하면 꼭 해야 할 것이 두 가지 있다.

세미나에서 배운 내용 가운데 한 가지를 즉시 실천하는 것이다. 대부분의 세미나에서는 강사들이 자신의 경험이나 노하우 또는 지식들을 아낌없이 가르쳐 준다.

그러나 가르쳐 준 것을 모두 한꺼번에 실행하려고 하면 현실적으로 어렵다. 따라서 배운 내용 가운데서 자기가 가장 잘 할 수 있을 것 같고 파급 효과가 큰 것을 1개에서 3개까지 선택하여, 집에 돌아가면 바로 실행한다.

세미나에 열심히 참석하는 사람들 가운데 십중팔구는, "정말 좋은 이야기 잘 들었습니다. 고맙습니다" 하고는 집에 가서 아무것도 하지 않고 그냥 잠만 자는데, 이렇게 하면 모처럼 높아진 의욕도 한순간에 사라진다.

세미나에 참가한 당일에 하지 못한 것을 다음 날, 다음 주 또는 다음 달부터 하게 되지는 않는다.

결국 당장 하지 않으면 아무 결과도 나오지 않고, 투자한 시간만 허비하는 셈이다.

귀중한 돈과 시간을 사용해 세미나에 참가한 만큼 바로 성과를 얻고자 하는 욕심이 필요하다.

또 하나 중요한 것은 단 한 사람이라도 좋으니 세미나에서 만난 사람들 가운데 나중에 자신의 비즈니스 파트너 또는 친구로 사귈 사람을 만들어라.

경우에 따라서는 세미나에서 배운 것 이상의 가치가 있을 수 있다.

실은 지금 회사의 클라이언트 중에도 세미나에서 만난 분이 적지 않게 있다.

세미나가 끝난 뒤, 말 한마디 하지 않고 곧 바로 집으로 돌아갔다면, 지금과 같은 폭넓은 비즈니스는 아마 하지 못했을 것이다.

부끄러워할 필요는 없다. 여러분이 다른 사람과의 네트워크를 원하듯이, 세미나에 참석한 많은 사람들도 세미나를 통해서 인맥을 넓히려고 생각할 것이다.

사실은 상대방도 누군가와 말할 기회를 노리고 있을지도 모른다.

우선은 세상 돌아가는 이야기라도 좋으니 가볍게 옆 사람에게 이야기를 걸어 보라.

"이런 세미나에 자주 오십니까?"

"최근에 흥미로운 세미나는 없습니까?"

이런 한마디가 사업과 연결되는 계기를 만든다.

세미나에서 배운 것을 하나라도 즉시 실천한다. 또 나중에 친구나 비즈니스 파트너 관계로 발전할 수 있도록 적극적으로 말을 건다.

책과 세미나를 내 것으로 만드는 확실한 방법

■ 단순히 암기하는 것만으로는 기억에 남지
않는다.

■ 감정 체험과 연결해야 지식은 뇌 깊숙이
정착한다.

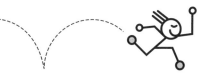

'책을 읽어도 좀처럼 기억에 남지 않는다.'

'세미나에 나가도 뭘 들었는지 생각이 나지 않는다.'

이럴 때는 두 가지 원인이 있다.

첫째는 지식의 저장에만 중점을 두어, 아웃풋을 생각하지 않는 경우다.

지식은 지적 흥분이나 감동과 같은 감정의 개입이 있을 때 더 오래 기억된다.

단지 기계적으로 지식을 주입하는 것만으로는 감정의 변화가 생기지 않는다.

오히려 지식을 이용해서 무언가 실행한 결과를 이미지로 만들어 의도적으로 놀라움이나 감동을 일으킬 때, 오래 기억할 수 있다.

'얻은 지식을 어떻게 적용할까?'

'어떻게 자신의 비즈니스에 활용할까?'

이와 같은 질문을 던지면, 지금까지 자신이 해 왔던 책을 읽는 방식, 세미나를 듣는 방식에서는 전혀 느낄 수 없었던 감정의 변화가 일어난다. 그리고 그 순간 비로소, 지식은 기억 속에 깊이 남게 되는 것이다.

참고로 나는 얻고 싶은 정보가 있는 세미나에는 최대한 참석한다. 그것이 어려우면 DVD나 CD 등의 교재를 활용하고, 그것도 안 될 때는 책을 통해 지식을 입력한다.

이처럼 우선순위를 매겨 두는 이유는 오감을 활용해서 정보를 입력하는 것이 감정 변화를 일으키기 쉽기 때문이다.

얻고 싶은 정보를 기억에 새겨 두기 위해서는 자신의 감정에 변화를 일으킬 수 있는 '환경 변화'를 미리 준비하는 것이 중요하다.

두 번째 원인은 세미나나 교재, 책 등의 콘텐츠가 당신이 원하는 수준에 미치지 않을 경우다.

아무리 이쪽이 열심히 감정 변화를 일으키려고 해도 자신이 원하는 것보다 수준이 낮은 콘텐츠로는 지적 흥분이나 감동은 좀처럼 생기지 않는다.

그렇게 되면 아무리 새로운 용어로 포장된 콘텐츠라도 따분할 뿐이어서 기억으로 남기기 힘들다.

세미나나 교재, 책 등에서 정보를 얻으려고 할 때는 이 두 가지 경우를 의식하라.

듣자마자 머리에서 빠져나가는 정보는 진정한 의미의 지식이 될 수 없다.

　수준이 높은 세미나나 책을 선택해 감동, 흥분, 기쁨, 발견과 같은 감정 변화를 일으키면, 얻고자 하는 지식을 뇌에 확실히 뿌리내리게 할 수 있다.

자신을 바꾸는 point

세미나나 교재, 책으로 학습할 때는, 얻은 지식을 활용하는 장면을 상상하면서 이야기를 듣거나 문장을 읽는다.

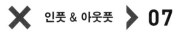 **인풋 & 아웃풋** ▶ **07**

돈을 들이지 않고 공부하는 기술

■ 세상에 공짜는 없다.

■ '돈이 없다'고 한탄하기 전에 자신이 제공할 수 있는 노하우를 찾아보자.

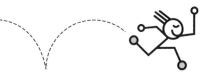 뉴스레터에서 내가 공부의 중요성을 논하면 이런 질문을 받을 때가 있다.

"나는 돈이 없는데 어떻게 하면 좋습니까?"

"샐러리맨이라 내 마음대로 쓸 수 있는 돈이 너무 적습니다."

"중소기업을 경영하고 있는데, 회사 운영도 잘 안 됩니다."

"세미나에 참가하고 싶은 마음은 굴뚝같지만, 지방에 살고 있어서 교통비가 너무 많이 듭니다."

"그러니 어떻게 하면 좋습니까?"

그러나 이러한 질문의 전제에는 크게 잘못된 점이 하나 있다.

이 세상은 기본적으로 등가 교환(等價交換)의 법칙으로 돌아가고 있다.

쉽게 말해서 상대방의 지식이나 노하우를 손에 넣고 싶다면 자신도 거기에 맞는 지식이나 노하우를 제공해야 한다.

돈은 그런 지식이나 노하우를 갖고 있지 않은 사람이 그것을 대신해 내는 것이다.

다시 말해 돈이 없다고 해도 걱정할 필요가 없다는 것이다.

당신에게도 지식이나 노하우와 교환하는 데 합당한

업무 지식이나 노하우가 꼭 있을 것이다.

'나는 그런 특별한 지식을 가지고 있지 않다'고 미리 속단하지 마라.

현대 사회는 사업이나 학문이 다양하게 세분화되어 있다. 각 분야마다 전문가가 있지만, 그런 사람들도 다른 장르에 대해서는 문외한인 경우가 태반이다.

가르침을 받고 싶은 상대가 아무리 그 분야의 대가라고 해도 당신의 전문 분야 지식이나 노하우를 건네준다면, 간단하게 상호 보완의 관계가 성립된다.

그래도 여전히 '나는 가치 있는 노하우를 가지고 있지 않다'고 생각한다면 돈을 내거나 땀을 흘릴 수밖에 없다.

축적한 노하우도 없고 노하우와 교환할 돈도 내고 싶지 않다. 땀을 흘리고 싶지도 않고 노력하기도 싫다. 그런 상태에서 '부탁합니다', '한 수 가르쳐 주십시오'만 연발한다면, 솔직히 아무도 상대해 주지 않는다.

좀 심하게 말하면 "돈이 없어서 공부를 할 수가 없다"는 말은 변명에 지나지 않는다.

돈이 없다. 그러나 어떻게 해서라도 지식이나 노하우를 손에 넣고 싶을 때는, '나는 무엇을 제공할 수 있을까?'부터 생각해 보라.

당신도 다른 사람의 지식이나 노하우와 교환할 수 있는 무언가를 가지고 있다는 사실을 깨닫게 될 것이다.

자신을 바꾸는 point

자신의 업무 노하우를 다른 사람에게 제공할 수 있는 형태로 체계화, 언어화해 놓는다.

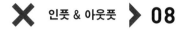 **인풋 & 아웃풋** ▶ **08**

자신을 바꾸기 위해 지금 당장 해야 할 일

■ **자신의 꿈을 주위에 널리 알려라.**

■ **지금까지와 다른 자신을 만날 수 있다.**

뉴스레터를 매일 보낸 다음부터 많은 것
이 변했다.

첫째, 새로운 만남이 많이 늘었다.

둘째, 비즈니스 기회가 더 많아졌다.

셋째, 상대방이 내게 찾아오는 영업을 하게 되었다.

넷째, 소재를 찾기 위해 안테나를 높고 넓게 세우게 되었다.

다섯째, 메모하는 양이 늘었다.

여섯째, 공부하는 양이 늘었다.

여기에 덧붙여, 뉴스레터를 발행하면서 정말 잘됐다고 생각한 것
이 한 가지 있다.

'내 말로 나를 규제하게 된' 것이다.

뉴스레터를 발행하기 전까지 나는 게으른 사람이었다. 머리로는
이런 사람이 되고 싶다고 생각하면서도, 공부를 게을리 하고 시간을
헛되어 쓰는 등 나 자신을 통제하지 못했다.

그렇게 게으르던 사람이 어떻게 뉴스레터를 발행하면서 바뀔 수
있었을까?

그것은 뉴스레터에서 자신 있게, '공부는 중요하다', '시간 관리를 엄격하게 하자'와 같은 말을 함으로써 그 말을 실천해야 하는 입장이 되었기 때문이다.

뉴스레터에서 실컷 잘난 척을 해 놓고 실제로는 상반되는 행동을 할 수는 없었다.

원래 나는 소심한 성격이라 사람들에게 거짓말쟁이라고 손가락질을 당하는 것보다는, 몸과 머리에 채찍질을 해 가며 자신에게 엄하게 하는 편이 훨씬 마음이 편하다.

그런 의미에서 뉴스레터를 통해 많은 사람에게 약속한 행위는 결과적으로 자신을 규제하는 데도 아주 유용한 수단이 되었다.

여러분도 어떤 형태로든 자신의 결심을 누군가에게 이야기해 보면 자신이 변화되는 경험을 하게 될 것이다.

이것은 꼭 뉴스레터에만 국한된 것은 아니다.

친구에게 이메일을 보내도 좋고, 온라인상에서 블로그를 만드는 것도 좋다. 또는 사내의 회식 자리에서 선언하는 것도 좋다.

어떻든 주위에 결의 표명을 하는 것으로, 자신이 한 말에 책임을 지고 행동도 바꾸지 않으면 안 된다.

자신을 바꾸기 위해서는 우선 입 밖으로 소리 내서

말을 하는 것이 중요하다.

생활과 사업의 모든 변화는 바로 거기서 시작된다.

자신이 목표한 것을 주위에 널리 선언한다. 그것이 자신을 바꾸는 첫걸음이다.

옮긴이 _ 이윤정

한성대학교 국어국문과 졸업. 일본으로 유학을 떠나 LANTEX일본어학교에서 일본어를 공부한 뒤, 호주에서 5년
간 호주대학의 비즈니스 영어과정과 E-커머스 과정을 수료했다.

'한일 청소년연극제 심포지엄'과 '미우라 아야코 국제독서대회' 통역 등 다수의 국제 심포지엄과 대회의 통역을
담당했다.

〈돌이 된 사냥꾼〉 연극 대본의 번역 및 각색을 시작으로 번역 활동을 시작해 현재 전문 통·번역가로 활동 중이다.

옮긴 책으로는 『미우라 아야코를 만나는 여행』, 『직장인이 꼭 알아야 할 업무요령』 등이 있다.

프로들이 절대 가르쳐 주지 않는 50가지 업무 비결

곱셈발상

초판 1쇄 발행 | 2007년 11월 22일
초판 5쇄 발행 | 2009년 10월 23일

지은이 | 후나타니 슈지
옮긴이 | 이윤정
펴낸이 | 강효림

편 집 | 이용주 · 민형우
디자인 | 채지연
마케팅 | 민경업
관 리 | 정수진

출 력 | 엔터 AIO
종 이 | 화인페이퍼
인 쇄 | 한영문화사

펴낸곳 | 도서출판 전나무숲 檜林
출판등록 | 1994년 7월 15일 · 제10-1008호
주 소 | 121-819 서울시 마포구 동교동 206-3 코원빌딩 501호
전 화 | 02-322-7128
팩 스 | 02-325-0944
홈페이지 | www.firforest.co.kr
E-mail | forest@firforest.co.kr

ISBN | 978-89-91373-19-8 (03320)
값 11,000원

진정한 차별화는 기본 원칙을 지키는 것!
두부 한 모 경영

**두부 한 모로 벤처 성공신화 이룩한
일본 두부업체 젊은 CEO의 성공 경영전략!**

두부 업체 최초로 도쿄 증시 마더스에 상장시킨 젊은 CEO 다루미 시게루의 성공 경영전략을 담은 책. 중소기업이나 자영업을 하는 사람들에게 사업 노하우를 전수하고 사업에 대한 열정을 북돋는 데 손색 없는 책이다.

일본 재계 22위 '파친코 황제' 한창우式 혁신경영
마루한이즘

**'밀항선 탄 삼천포 소년 한창우'를
'파친코 황제'로 만들어준 혁신의 경영 비법!**

마루한은 파친코 업계에서 '인재의 마루한'이라 부를 정도로 뛰어난 인재 수준을 자랑하는 기업이다. 또 손님에게 서비스한다는 '접객'이라는 발상조차 없었던 파친코 업계에서 직원 교육을 통해 질 높은 접객 기술을 발전시킨다. 이것이 바로 마루한이 주목을 받는 진정한 이유다.

잠든 뇌를 깨우는 건강한 습관 - 걷기
걸을수록 뇌가 젊어진다

뇌과학자가 쓴 걷기 예찬론. 걷는 습관이 뇌를 젊게 한다

뇌과학자인 지은이는 창의성을 높여 주는 손쉬운 방법이 걷기라는 사실을 자신의 연구와 실천을 통해 우리에게 알려 주고 있다. 책 속에 소개된 즐겁게 걷는 다양한 방법들은 걷는 즐거움을 더해 주며 몸을 건강하게, 뇌를 싱싱하게 해 줄 것이다.